谦—德—国—学—文—库

心経 金剛経

中华文化讲堂 注译

团结出版社

《谦德国学文库》出版说明

人类进入二十一世纪以来，经济与科技超速发展，人们在体验经济繁荣和科技成果的同时，欲望的膨胀和内心的焦虑也日益放大。如何在物质繁荣的时代，让我们获得内心的满足和安详，从经典中获取智慧和慰藉，或许是我们不二的选择。

之所以要读经典，根本在于，我们应当更好地认识我们自己从何而来，去往何处。一个人如此，一个民族亦如此。一个爱读经典的人，其内心世界必定是丰富深邃的。而一个被经典浸润的民族，必定是一个思想丰赡、文化深厚的民族。因为，文化是民族之灵魂，一个民族如果不能认识其民族发展的精神源泉，必定就会失去其未来的生机。而一个民族的精神源泉，就保藏在经典之中。

今日，我们提倡复兴中华优秀传统文化，当自提倡重读经典始。然而，读经典之目的，绝不仅在徒增知识而已，应是古人所说的"变化气质"，进一步，是要引领我们进德修业。《易》曰："君子以多识前言往行，以畜其德。"实乃读经典之要旨所在。

基于此理念，我们决定出版此套《谦德国学文库》，"谦德"，即本《周易》谦卦之精神。正如谦卦初六爻所言："谦谦君子，用涉大川"，我们期冀以谦虚恭敬之心，用今注今译的方式，让古圣先贤的教诲能够普及到每一个人。引导有心的读者，透过扫除古老经典的文字障碍，从而进入经典的智慧之海。

作为一套普及型的国学丛书，我们选择经典，不仅广泛选录以儒家文化为主的经、史、子、集，也将视野开拓到释、道的各种经典。一些大家所熟知的经典，基本全部收录。同时，有一些不太为人熟知，但有当代价值的经典，我们也选择性收录。整个丛书几乎囊括中国历史上哲学、史学、文学、宗教、科学、艺术等各领域的基本经典。

在注译工作方面，版本上我们主要以主流学界公认的权威版本为底本，在此基础上参考古今学者的研究成果，使整套丛书的注译既能博采众长而又独具一格。今文白话不求字字对应，只在保证文意准确的基础上进行了梳理，使译文更加通俗晓畅，更能贴合现代读者的阅读习惯。

古籍的注译，固然是现代读者进入经典的一条方便门径，然而这也仅仅是阅读经典的一个开端。要真正领悟经典的微言大义，我们提倡最好还是研读原本，因为再完美的白话语译，也不可能完全表达出文言经典的原有内涵，而这也正是中国经典的魅力所在吧。我们所做的工作，不过是打开阅读经典的一扇门而已。期望藉由此门，让更多读者能够领略经典的风采，走上领悟古人思想之路。进而在生活中体证，方能直趋圣贤之境，真得圣贤典籍之大用。

　　经典，是古圣先贤留给我们的恩泽与财富，是前辈先人的智慧精华。今日我们在享用这一份恩泽与财富时，更应对古人心存无尽的崇敬与感恩。我们虽恭敬从事，求备求全，然因学养所限、才力不及，舛误难免，恳请先贤原谅，读者海涵。期望这一套国学经典文库，能够为更多人打开博大精深之中华文化的大门。同时也期望得到各界人士的襄助和博雅君子的指正，让我们的工作能够做得更好！

团结出版社

2017年1月

前　言

在诸多佛经中，一般中国人最熟知的，莫过于《金刚经》和《心经》了。而这两部经之所以能够普遍的在中国流传，和两位中国高僧有着非常密切的关系。

《金刚经》是禅宗的著名经典。当初，六祖慧能大师就是因为听人诵读《金刚经》，心有所悟，而前往五祖的道场求法。

佛教传入中国已1700多年了，当佛教在它的发源地印度衰落的时候，在中华大地上却得到了蓬勃的发展。自东汉以后的帝王，大都尊崇和信奉佛教，甚至将其定为国教。和儒、道一样，佛教在中华文化史上打上了深深的烙印。千百年来，中国人的言行举止和日常生活，无不潜移默化地受到佛教的影响。佛教智慧已经成为中华智慧宝库中不可分割的重要组成部分。

就像提起儒家想到《论语》，提起道家想起《老子》一样，提起佛家，中国人首先想到的是《金刚经》。《金刚经》是佛教史上最伟大的典籍之一，它包含了大乘佛法的最高智慧，被奉为"诸佛之智母，菩萨之慧父，众圣之所依"。

在传介到中土的大量佛经中，《金刚经》是译介最早、流传最广、影响最大的经典之一。千百年来，从僧众到俗众，从皇室贵族到平常百姓，不知道有多少中国人在研究《金刚经》、念诵《金刚经》，因《金刚经》而得感应，因《金刚经》而开悟成道，其中最典型的，就是禅宗六祖慧能了。

《金刚经》的最伟大之处，是超越了一切宗教性，但又包含了一切宗教性。经文句句乃宝中之宝，妙意尽藏。句句说理说空，句句都可贯通全经，随拈一句体悟到位，皆可由此悟道。一般人喜其哲理丰富，禅修者视其为修心的指针、开悟的钥匙。

佛教般若思想典籍的汇编就是《大般若经》，共600卷，包括十六部经典，称十六会。学术界和佛教界共同认为，十六会600卷之多的《大般若经》之核心，即是第九会《金刚般若》，也就是《金刚经》。所以，作为一个中国人，你可以不信佛教，但不可不读《金刚经》。因为《金刚经》会赋予你一柄无坚不摧的智慧利剑，启发你彻悟世事人生的真谛和实相！

《金刚经》虽然出自古印度，但它的译本在中国却影响巨大。从古到今，从佛教界到世俗社会，从皇室到寻常百姓家，都非常推崇这部伟大的经典。

一、历代注疏《金刚经》

《金刚经》传入中国后，深受佛界欢迎，历代研习不衰，流通甚盛。

各类注、释、论、颂、疏、记、解、述多不胜举。除了早期鸠摩罗什、僧肇等人的注释外，后来较为著名的有隋代智顗的《金刚般若经疏》，吉藏的《金刚般若经义疏》，唐代智俨的《金刚般若经略疏》，窥基的《金刚般若论会释》、《金刚般若经赞述》，义净的《略明般若末后一颂赞述》，宗密的《金刚经疏论纂要》、慧能的《金刚经解意》（亦名《金刚经六祖口诀》）。据慧能大师说，唐初时已有800余家注疏。

宋代又出现了数十家注疏，著名的有子璿的《金刚经纂要刊定记》，柏庭善月的《金刚般若波罗蜜经会解》等。

明清又有50余家注，著名的有宗泐、如玘同注的《金刚经注解》、元贤的《金刚经略疏》、智旭的《金刚经破空论》《金刚经观心释》，德清的《金刚经决疑》、曾凤仪的《金刚经宗通》、清代通理的《金刚新眼疏经偈合释》等。

近现代以来，最少又出现了20多家注释，其中著名的有印光法师的《金刚经研究》、江味农居士的《金刚经讲义》、王恩洋居士的《金刚经释论》、太虚法师的《金刚经讲录》《能断金刚般若波罗蜜多经释》、圆英法师的《金刚经讲义》等。

总之，在长达1500多年的历史中，各代所出《金刚经》注释总数近千家，成为所有佛经注释之冠。

二、各宗奉习《金刚经》

《金刚经》在中国的盛行不仅表现在历代高僧的竞相翻译注释上，而且表现在各大宗派的普遍尊奉习诵上。

三论宗专弘般若学，故而特别推崇《金刚经》。该宗创始人隋代吉藏曾称扬此经曰："非云非雨德润四生，非日非月照明三界。统万行若沧海之纳众流，荡纷异若冬霜之凋百草。"吉藏的三论学说体系与《金刚经》的般若思想有明显的理论渊源关系。他所著的《金刚经义疏》六卷为诸多注释中最详明恳切的一种。

天台宗重《金刚经》在于该宗的义理多以般若为基础。天台创始人隋代智顗著有《金刚经疏》，文虽简略，但天台与《金刚经》之瓜葛于中昭然若揭。明代天台宗僧人智旭曾撰《金刚经破空论》《金刚经观心释》，直接以天台宗义解释《金刚经》。

华严宗也非常重视《金刚经》。华严二祖智俨在所著《金刚经略疏》中说："金刚般若波罗蜜经者，盖是实智之美称，真德之通号。宗本冲寂，神凝湛一，独曜幽原，圆明等觉。含晖至朗而泯于分别；冥津玄旷而隐于缘数。斯乃真可谓众生之本际，涅槃之圆旨，因缘之实性，法界之说府。"华严五祖宗密从诸多《金刚经》注释中"撮撷精英，黜逐浮伪"，著成《金刚经疏论纂要》3卷。另外，属华严一系的还有宋代的子璿、明代的德清、清代的通理等人的《金刚经》释义著作。

《金刚经》是一部空宗经典，但属于有宗的法相宗也很推崇《金刚经》。法相宗创始人之一的窥基著有《金刚经赞述》4卷，《金刚般若论会释》3卷。此作直接继承了印度大乘瑜伽行派学者无著、世亲的《金刚经》论释，并对其作进一步的合解、融通和发挥。在法相宗内，还有唐释知恩撰的《金刚般若经义记》2卷，唐释昙旷撰的《金刚般若经旨赞》

等。

在中国佛教八大宗派中，与《金刚经》关系最密切的还属禅宗。禅宗自北魏时代南印高僧菩提达摩在嵩山少林寺开创，中经二祖慧可、三祖僧璨，至唐初的四祖道信，一直奉《楞伽经》为印证。四祖道信时已开始参般若法门。至五祖弘忍，则直接以《金刚经》为心印。他在黄梅双峰山东的冯墓山传法40多年，聚徒众多，常劝僧俗持诵《金刚经》，并以"非相无住"理论教导徒众。禅宗六祖慧能更是因听闻《金刚经》而开悟，所以禅宗在六祖慧能时代更加推崇《金刚经》。慧能大师说："若欲入甚深法界，入般若三昧者，直须修般若行，但持《金刚般若经》一卷，即得见性入般若三昧。"

近代以来，该经仍被广泛持诵。龟山白衣王恩洋居士曾说："此经流传世间最为遍广，上自儒宗学士，下自走卒贩夫，若比丘、比丘尼、优婆塞、优婆夷，乃至皇坛道士，无不持诵是经。"直到今天，《金刚经》仍为广大佛教徒所普遍习诵奉持，各种形式的经本、经注广泛流传于各地寺庙和居士中。

三、帝王推崇《金刚经》

《金刚经》也为历代统治者所推崇。罗什首次携此经进入内地，在很大程度上得力于前后秦皇帝的发兵邀请。第一个汉文本的诞生也是在后秦皇帝姚兴的"甚见优宠"中，甚至直接参与下译出的。

南朝梁时，昭明太子对《金刚经》进行研究，科判为三十二分，从而出现了至今仍然十分盛行的三十二分本。当时江南有大居士名傅翕，自号

"善慧大士"，人称"傅大士"，信佛极为虔诚，精通三教典籍。因其孤傲清高，群臣很是不满，但虔信佛教的梁武帝却力排众议，遣使迎入官内，请其讲《金刚经》。大士刚一升座，便挥案一拍，随即下座，梁武帝愕然。宝志和尚告其大士讲经已毕，后来再请讲，大士索板升座，歌四十九颂便去。梁武帝遂题大士此颂于荆州寺四层阁上。《金刚经颂》历史上名气极大，惜后世多有假托附会之处，傅大士原旨颇有湮没。

太宗对《金刚经》也十分欣赏。据《慈恩传》记载，唐太宗曾专门就《金刚经》译文的完备与否询问过玄奘。玄奘回答说，鸠摩罗什译本就标题看，缺少"能断"二字；就内容来看，缺少"云何住、云何修行、云何摄服其心"三个问题的第二个问题；在两个颂中缺少后一颂；在说明一切有为法性空假有的九喻中缺少三喻。针对这种情况，太宗让玄奘根据带回的梵本重新翻译。玄奘译成后，直接呈奉太宗，太宗立即将新译本发布全国。

唐玄宗为推行三教并重政策，在各教中选出一部最具代表性的经典亲自注释后颁布全国，其于儒教选的是《孝经》，于道教选的是《老子》，于佛教选的就是《金刚经》。他在注序中对《金刚经》的般若义理大加称扬，赞其"皆众妙门，可不美欤！"认为注释此经即可起到"弘奖风教"之作用。该注完成后，受到广大僧众的推崇，连连提出"表请""表贺"，文武百官在都城举行隆重的接经仪式，佛寺里也"设斋庆赞"。与此同时，又颁赐天下各馆，精写入藏，以图永恒。现已在北京房山石经中发现了昔日的玄宗释文。这是距京师千里之外的幽州百姓，于注经后的七八年内刻就的，由此足见玄宗注释在当时影响之大和流传之广。那时长安青龙寺有一高僧，名道氤，深通内外经论，玄宗朝应进士科，一举擢第。出家后奉玄宗敕撰《御注金刚经宣演》3卷，根据玄宗注义而敷宣其意，绎演其文。因假帝威，此作格外盛行，人称"青龙疏"，前往寺内听讲者常有数千人之多，一时间风靡神州。

洪武十年（1377），明太祖下诏令禅宗太师宗泐、如玘为《金刚经》及《楞伽》《心经》三经作注，颁行天下。

明成祖朱棣的《金刚经集注》颇为有名，古今盛传不衰。在书中，他高度评价《金刚经》说："是经也，发三乘之奥旨，启万法之玄微，论不空之空，见无相之相，指明虚妄，即梦幻泡影而可知；推极根源，与我、人、众、寿而可见。诚诸佛传心之秘，大乘阐道之宗，而群生明心见性之机括也。"如来所说此经，"大开方便，俾解粘而释缚，咸涤垢以离尘，出生死途，登菩提岸，转痴迷为智慧，去昏暗即光明"。所以，"是经之功德广矣，大矣"。

四、世俗传诵《金刚经》

《金刚经》亦备受世俗社会之礼待，尤其是唐宋以后，皇家屡发敕令，颁经于天下，以使万民传诵，永消灾祸。在官方的大力提倡下，《金刚经》几乎成为一般民众的伦理教科书，无家不有，无人不读。

与此同时，社会上的善男信女们也广泛宣传《金刚经》的神奇效用，《金刚经持验记》《金刚经灵感录》《金刚证果》《金刚灵验》《金刚果报》及《报应记》《感应记》等册子大量出现。这些灵验故事大多为增福延寿、排忧解难、往生荐亡等个人福慧内容，同时也有表现降敌防盗、为政清廉、和善爱人等社会生活方面良好愿望的内容。

五、海外广宏《金刚经》

《金刚经》是印度佛教发展变化的产物，在其产生后的三四百年间，《金刚经》的传播主要在古代印度的范围之内。由于该经言简意赅地阐述了大乘佛教般若思想的核心内容，而这种思想正好顺应了当时的社会，体现了佛教理论体系的逻辑发展，并构成整个大乘佛教的理论基础，所以自其登上佛学舞台后，便迅速流传，影响日益扩大。早期，由于大乘佛教被正统佛教视为"非佛所说"，所以，《金刚经》只是在信奉般若经的人群中流传。后来，随着大乘势的增强及其在印度佛教中统治地位的确立，《金刚经》便在广大范围内传播开来。除了口耳相传外，许多人开始为其造颂做论。现存最早的论是公元三四世纪时弥勒所作的《金刚般若经论》。到公元四五世纪时，著名的大乘学者无著、世亲兄弟二人又相继为《金刚经》作释。无著的注释名《金刚般若经论》，此外他还作了颂，名《能断金刚般若波罗蜜多经论颂》。世亲注释有北魏菩提流支汉译的《金刚般若经论》3卷及唐代义净异译的《能断金刚般若波罗蜜多经论释》3卷（只存汉译本）。该书对其兄的论颂做了进一步的注疏，以"二十七疑"明经义，更具独到之处。论释中认为，《金刚经》共有二十七个主题，包括了般若的主要思想。此后，金刚仙又造《金刚仙论》，对世亲的《金刚般若论》再做注释。

除上述瑜伽行派的注疏外，中观系的功德施菩萨也曾造《金刚般若波罗蜜经破取著不坏假名论》2卷。该论站在大乘中观学派的立场上，用真、俗二谛理论解释《金刚经》，正如论末之颂所言："我今功德施，为破诸迷取，开于中观门，略述此经义。愿诸众生类，见闻若受持，照真不坏俗，明了心无碍。"（《大正藏》卷25）

公元8世纪时，印度著名的中观瑜伽行派学者莲花戒也为《金刚经》做过注，现只存藏文译本。该注将《金刚经》的内容分为十八点加以论述，竭力调和无著的修行阶段论和中观派的解释。

印度大乘佛教分为中观学派和瑜伽行派两大体系。上述《金刚经》注释中属两大派者皆有，其中多数为非常著名的大乘学者，这充分说明了该经在印度佛教中的显要地位及流传的广泛性。

《金刚经》梵文本在中国、巴基斯坦、中亚等地都有发现，中国吐鲁番等地并有和阗、粟特等文字的译本出土。

《金刚经》由印度传入中国后，又由中国传入日本、朝鲜、越南等地。历史上这些地区的《金刚经》一般都是汉文译本，尤其是罗什的译本。日本历史上的许多民间故事均涉及《金刚经》，还曾出现以《金刚经》命名的诗歌。近代以来，随着佛教在欧美各国的传播及西方佛学研究的进展，《金刚经》也传到这些地区。

《金刚经》传入西方后被译成多种文字，1837年修弥笃根据藏译首次译成德文，1881年马克斯·缪勒将汉文、日文及藏文译本加以校订，译成英文，收入《东方圣书》第49卷。1957年爱德华·康芝又再次译成英文，收入《罗马东方丛书》第8卷。达尔杜根据梵文并对照中国满文译本，译为法文。

　　近年来，国际上的《金刚经》研究也较盛行，其中日本学者的研究最为著名。

目　录

心　经

金刚经

心

经

序

般若部经，有许多种类，亦有许多翻译，而比较完备和数量最大的，要首推唐译《大般若经》。《大般若经》共有六百卷之多，看阅和研究起来，都非少许时间所可能完成，更何况背诵呢? 有的，便是这部《心经》了。

唐译《心经》，文简义周，易于读诵讲说，为古今学者所推崇，亦我佛教界之盛事。我们知道，整个佛教，因有广大的群众，才分流各种派别与部门，以收摄机教相扣之效。惟这部《心经》，占有了每个学佛者的心腔、看啊: 丛林早晚功课，必定要诵念它，大小佛事终结时，又必定要诵念它，乃至生事死事，都离不了它，可见其地位之重要了。在学者研究方面，亦非常广泛，我们只要看看各家关于它的注解之多，是雄冠一切，就可以知道了。

有人要问这部经为什么会有这么大的吸引力，和为广大群众所欢迎，爱好读诵研究? 我告诉你，这便是"般若"的功能啊!

"般若"是什么?"般若"是印度的"梵音"，译成我国语言，便是"智慧"的意思。"智慧"又分为"世间性"和"出世间性"两种。在世为人谋生活，乃至福国利民的事业，都离不了"智慧"，没有它，什么事也办不好，这是它在"世间法"上的地位。"出世间"呢？"小乘"离了它，不能离苦得乐、证"无生忍"；"大乘"离了它，不能行"菩萨道"、趣"正等正觉"，这又是何等的重要啊！

"般若"在世出世法上的地位，既是这般重要，因而也就为每个学佛人"视如至宝"了。这部《心经》，又总摄《大般若》的精华，包含整个佛法要义，特别是符合了我们人民爱"简"的习惯，正如什公所说"秦人好简"的话，一点不错。这便是《心经》格外受人欢迎、玩味最大的一个因素。

黄涵之老居士学佛有年，行解相应。鉴于历来诸家注解太深，初学不易入门，为适合大众化的读品，用深入浅出的笔调，很谨慎地、精细地白话解释出来，以启蒙初学，意至善美。书成，要我审核过一遍，并为之序。我很赞叹这部《心经》白话解释的问世，它必然大大有益于后学。并望佛教先进人士，今后如作注解时，亦应向黄氏看齐，不要太古董深奥了。

公元1954年3月

释大悲谨撰于杭州灵隐丈室

《〈心经〉白话解释》的说明和读法

　　我从前用白话来解释的《阿弥陀经》，承各处信佛的男女居士，都说看了很容易懂得，我听到了这一句话，又想起一本《朝暮课诵》（就是大家叫惯的《朝夜课》），凡是修行的人，不论出家的、在家的、男居士、女居士，大半都念的，所以又把那本《朝暮课诵》，也完全用白话来详细解释了。但是，看这本《朝暮课诵》白话解释的人，当然连《朝暮课诵》中的《心经》一同要看。怎么《朝暮课诵》中的《心经》，只把"般若波罗蜜多心经"八个字的经名，用白话来解释，所有《心经》的经文，就一句也不解释呢? 这是有一个缘故的。我因为念《心经》的人很多很多的，比念《朝暮课诵》的人要多得多，所以我把《心经》的白话解释，另外印了一本《心经白话解释》的单行本，使得不念《朝暮课诵》，只念《心经》的人，就可以单单请一本《心经白话解释》来看，不必要连《朝暮课诵白话解释》一同请了。就是看《朝暮课诵白话解释》的人，要看《心经白话解释》只要多请一本《心经白话解释》的单行本，也就可以都看到了，不是大家都觉得方便吗?

　　不过《心经》不比《阿弥陀经》容易解释，因为《阿弥陀经》是专门讲"事相"的，容易用白话来解释，《心经》是各种般若经中的一种，是专门讲"智慧"讲"理性"的，所以经文虽然不多，但是要用白话来解释却是很不容易，因为讲到"理性"，就不是用白话能够讲得明白的。看的居士们，倘若看了能够完全明白，自然最好；若是还有不明白的地方，也不要紧，只要多看几遍，多念"观世音菩萨"的名号，慢慢的自然会"开悟"的，尽管放心学习，千万不可以怕难而生退心。

况且在《朝暮课诵白话解释》的前面，还有一本叫《佛法大意》，也完全是白话的，所有《心经》中讲"理性"的"地方"，和"意思"很多的"名词"，都用白话来详细解释过的。所以看这本《心经白话解释》的人，最好先把《佛法大意》细细地看一两遍，再看这本《心经白话解释》就更加容易懂了。

不过在《佛法大意》中，已经详细解释过的，在这本《心经白话解释》中，就不再详细解释了。但是也有在《佛法大意》中，已经解释过的，在这本《心经白话解释》中仍旧解释的，这是因为佛经的解释很多，同样一个字，或是同样一个名词，用在这里可以这样解释，用在那里又可以那样解释。在《佛法大意》中是这样解释的，在这本《心经》中，又照那样解释了。所以，在《朝暮课诵白话解释》和这本《心经白话解释》两本书中都有解释，使得看的人，可以多晓得一些。

有人说：那么为什么有许多地方，《佛法大意》中有了解释，这本《心经》中又不解释了呢？或是解释得很简单了呢？并且有好些地方，因为《阿弥陀经白话解释》中有了解释，这本《心经》中也不解释了呢？只说在《阿弥陀经白话解释》中，已经详细讲过了，怎么你注解

《佛法大意》时就恐怕看这本《心经白话解释》的人不请，注解《阿弥陀经白话解释》又不怕看《心经白话解释》的人不请呢？看这本《心经白话解释》的人，倘若不请《阿弥陀经白话解释》来看，不是有许多解释就不晓得了吗？

我道：这是又有一个缘故的。我之所以把《朝暮课诵》演成白话，还加上一本白话的《佛法大意》，都是因为要劝人修往生西方极乐世界，所以在《佛法大意》中，处处说到西方极乐世界的好，就是希望看《心经白话解释》的人，碰到有些地方看不明白，就去看《佛法大意》，或是去查《阿弥陀经白话解释》，这是我要引人看《阿弥陀经白话解释》，可以看到西方极乐世界种种的好处，会动他求往生西方极乐世界的心，将来人人都修往生西方极乐世界，人人都生到西方极乐世界去，那么就满了我做这几本书的愿心了。

还有一层，《心经》的注解多得很，各人有各人的解释，所以各种注解各有不同的地方。我学佛很浅，有好些不明白的地方，都亏得顾显微居士帮我注解，又请印老法师详细改正过，不会有什么大错，这一定要说明的，看的人可以不必疑惑。

讲到我编这本《心经》白话解释的规则，还是照了《阿弥陀经》一样，先把"名词"和深的"字"分开来解释，归在每一段注解头上有一个"解"字的一段中；再把《经》的句子，拼拢来解释，那就不独是解释"名词"和深的"字"了，包括《经》中的道理，也一齐讲了，这就归在每段注解头上有一个"释"字的一段中。这样，看的人都可以明白了。

经 题

般若^①波罗蜜多^②心经^{③④}

【解】"般若波罗蜜多"是梵语^⑤。"般若",翻译成中国文,就是"智慧"两个字。

"波罗蜜多",就是中国文的"到彼岸"三个字。"彼"字,是"那边"的意思;那边的"岸",就是阿弥陀佛所住的西方极乐世界;要到"彼岸",一定全靠这个"智慧",但是要用这个"智慧",又全靠这个"心",所以叫《般若波罗蜜多心经》。

【释】①般若:这部《心经》是专门讲"心"的道理和佛法中真实的道理的。虽然没有多少字句,但是佛说的大部《般若经》总共有六百卷,在这六百卷经中,所有精深奥妙的道理,都收在这几十句经中了,所以叫"般若"。

"般若"有三种:第一叫"文字般若"。"文字"就是"经"的字句,经里的种种意思、种种道理,全靠这"文字"表现出来,传流开来的。第二叫"观照般若"。"观"是观察,就是查看、研究种种"法"的景像。"照"是烛照,譬如用烛光来照东西的意思,就是照见"万像"的义理。不论人世间的一切

"法"、出世间的佛法，一切道理，若不是用"观察照见"的功夫，哪里能够彻底的明白呢？第三叫"实相般若"。"实相"是"真实相"，就是"无相"；凡是"真实"的，不论什么东西、什么景像，都是没有形相的。《金刚经》上说："凡所有相，皆是虚妄。"这两句经的意思，就是说：所有一切的"相"，都是空的、假的、不实在的、不真实的、不正确的，所以"无相"的才是"真实"的。那么"无相"的究竟是什么呢？就是"自心"的"本体"，也就是"自性"（自性：就是自己的"本性"）的真理。又"心"就是"如来藏心"，"性"就是"妙真如性"，也就是"诸佛"的"清净法身"。一切众生，也各有这种"清净法身"的，不过被"妄想"（妄想："妄"字，本来是虚的、假的意思。"妄想"就是"乱念头"，没有一些"真实道理"的念头）遮盖住了，不能够显露出来，所以流浪（流浪：是流来流去，宕来宕去的意思）在"生死海"中，永远不能够"了脱生死"，这就是"实相般若"真实的道理。

　　〇万像的义理："万像"就是种种的形象、种种的事情、种种的东西。"义"就是意思，"理"就是道理。譬如用灯或烛去照黑暗的地方，那就所有一切的东西都可以见到了。现在用智慧去照"万像的义理"，也就都可以照到、见到，所以叫"观照般若"。

　　〇自心："自心"的"心"，不是我们胸中的"肉团心"，也不是我们"凡夫"所说的"心"，我们"凡夫"所说的"心"，实在就是"识神"。这个"自心"的"心"是没有形相的"真实心"，佛菩萨是这个"心"，凡夫俗子也是这个"心"。"心"清净了，就是佛，菩萨，"心"迷惑了，就是凡夫俗子。本体：就是实在的"质地"，也可以当做"骨干"，也可以当做"基本"，或是当做"主脑"解释。譬如像一只纸糊的"风筝"，这个竹片扎成的架子，就是"风筝"的"本体"。这种解释，也不过是勉强说说。佛经中讲道理的地方，实在不是白话能够讲得清楚的。

　　〇真实心：是吾人自然有的、本来有的，不是虚妄的"识神"。"识神"也可以叫"业识"，就是凡夫的虚妄的知见，详见《佛法大意》。"真实心"

所现的"相",也可以叫"自性身"。但是一定要有了"完全无量、无边、真常不变(真常不变:"常"字是"常住的""永远不变"的意思。这种功德,只有佛才能够有的)的功德、一切法平等(一切法平等:是说在佛法中,不论什么法,都是平等的,没有一些些高下分别的)的'真实心'"才可以叫做"法身"。

○如来藏心:是所有一切看得到的"色法"(色法:"色"在佛经中,不论什么境界、什么事情,凡是看得见的东西,叫得出名目的,都可以叫"色",也都可以叫"法",也就都可以叫"色法")和心中生出来的种种"心法"(心法:是"凡夫"虚妄心中变现出来的种种"虚妄法",都叫做"心法"),凡是从这"真心"中变现出来的,都叫"如来藏心"。

○妙真如性:"性"是自己清净的"本性"。"真"是真实,没有虚假。"如"是完全平等、永远不变的意思。"妙"是灵通巧妙的意思。

○生死海:就是说生在我们这个世界上的人,生了又死、死了又生,永远不能够脱离生死,像跌落到了大海中,永远不能够脱离一样,所以叫"生死海"。

一个人能够明白真实的道理、能够厌离"苦"处、羡慕"乐"处、不走错路,都靠这个"智慧"。要晓得为什么有"生死",要怎样才可以"了脱生死"?什么是"真实"的?什么是"虚假"的?要怎样才会"分辨清楚"?怎样才可以成佛……哪一样不要靠"智慧"呢?若是愚笨痴呆的人,哪里会知道真实的道理?哪里会知道"生死"的"苦",涅槃的"乐"(乐:读"洛"字音,就是快乐的意思)呢?

○涅槃:是梵语,完全说起来,是"摩诃般涅槃那"六个字,翻译成中文是"大灭度"。"灭"是灭"生死","度"是度"生死"。佛、菩萨在各处世界上度众生,等到有"缘"的众生度完了,没有人再可以度了,那么佛、菩萨的"相",也自然不现了,到了这个时候,大家就都说"佛菩萨涅槃"了,就是这个意思。"涅"字,又可以当做"不生"的解释。"槃"字,又可以当做"不灭"的解释。所以"涅槃"两字，就是"不生、不灭"，也就是"了脱生死"。还有一种解释，把"涅槃"翻译成中国文的"圆寂"两字。道德完全满足，叫"圆"；迷惑障碍完全消除，叫"寂"。现在凡是比丘、比丘尼死了，都不说是"死"了，都说是"圆寂"了，意思就是称赞他们，像佛、菩萨一样的"涅槃"了。"寂"字还有"寂静不动"、有"忽生忽灭"的意思，所以"涅槃"就是诸佛"圣德"（圣德：是道德最高的意思。用一个"圣"字，是形容没有比这种道德更加高的意思）的极果、真实的境界。

〇极果："果"字，譬如下了"种子"，结了"果"的意思。就是说修到怎样的功夫，得到怎样的"果位"。用一个"极"字，是形容最高的意思，没有比这种"果位"更加高的意思。虽然愚笨痴呆的人一心念佛，也可以往生西方的，但是不明白真实的道理，就是能够往生西方，"品位"也是不很高的。

〇品位：是往生西方的人，有九种高下不同的"品位"：叫"上品上生""上品中生""上品下生"；"中品上生""中品中生""中品下生"；"下品上生""下品中生""下品下生"。"品位"越高，生到西方莲华中去，华开得越快，见佛也越早。"品位"渐渐低下去，那华开的时候和见佛的时候，都渐渐地长久下去了。

（愚笨痴呆的人，一心念佛，可以往生西方。）所以，修学佛法最要紧的，是要明白真实的道理，那就全靠这个"智慧"了。

"般若"虽然说就是"智慧"，但是它和世界上普通的"聪明智慧"不同。"聪明"可以用在"正路"上，也可以用在"邪路"上，而佛经中所说的"智慧"，是专门用在"正路"上的，是能够彻底明白佛法中的大道理、真意义的一种"正智"，同我们这个世界上所说的"了不起"的大聪明人是两样的。我们世界上所说的大聪明人的"智"，在佛法中叫做"世智辩聪"，意思是说世界上的人有了"邪智"，就只晓得学习外道（外道：不合佛法的种种"道"、种种"教"，都是"外道"）邪教，不肯信"出世"（出世：是出离我们

"凡夫"的世界)的"正法"。所以"世智辩聪",照佛法讲起来,是学佛的一种大障碍(障碍:是遮隔、阻碍的意思),所以它也是"八难"之一。

○八难:第一是"地狱难",第二是"饿鬼难",第三是"畜生难",第四是"盲聋喑哑难",第五是"世智辩聪难",第六是"佛前佛后难",第七是"北俱卢洲难",第八是"无想天难"。

"般若"的"般"字要注"入声",读"不"字音。梵语,是印度国的话。

②波罗蜜多:"波罗蜜多"是"到那边的岸"。譬如一条河,河就是"苦海",这边的"岸",就是一切众生"生生死死"受苦的苦恼世界,那边的"岸",就是诸佛菩萨享受快乐的极乐世界——就是西方极乐世界。一切众生,隔着"生死"的大苦海,受尽种种的苦,没有方法渡到那"只有乐、没有苦"的"岸"上去。观世音菩萨看见众生在这边"岸"上受苦,就发大慈悲心,驾了"慈航",说种种佛法,把一切诚心求解脱的受苦众生,都劝导他们学佛法,就譬如把他们完全装在"大慈航"中,渡到那边"岸"上去,所以叫"波罗蜜多"。

○苦恼世界:就是"娑婆世界"。"娑婆"二字是梵语,翻译成中文是"会忍耐"的意思。就是说生在这个世界上的人"会忍耐受这样的苦"。

○驾了慈航:"驾"就是撑船。"航"就是渡船。用佛法来劝化人,使得人人都照佛法去修行,修到能够从这边的苦恼岸上,渡到那边的快乐岸上,就譬如用船来渡人过河一样。渡人过河,用的是船,渡人从这边苦恼岸上,到那边快乐岸上,用的是佛法。"慈航"是比喻佛法。因为佛法完全是大慈悲心,所以称做"慈航"。"驾慈航"就是宣传佛法,就是拿佛法来劝化人。

众生虽然苦恼,观世音菩萨虽然慈悲,但是不肯诚心学佛的众生,观世音菩萨也没有方法度他们。

"波罗蜜多"和"波罗蜜"的意思是一样的,不过字音不同罢了。

③心经：要怎样的学佛法，才能够渡到那边"岸"上去呢？那只要把愚痴的"虚妄心"去得干干净净，把自己本来有的，智慧的"真实心"发露出来，就不但可以"离苦得乐"，并且还可以超过"九界国"，一直进到"佛界"。观世音菩萨说这部《心经》，就是要把众生的"虚妄心"，转变成"真心"，所以这部经，就拿这个"心"字作主脑，专门讲"心"的道理。

〇九界：也可以叫"九法界"。"界"字，本来是"境界""界限"的意思，也可以当做"一种""一类"解释的。佛法中，常常用惯这个"法"字的，不论什么事情，什么境界，都可以称做"法"，像"法身""法性""法相"等都是的。并且凡是可以称做"法"的，就都可以称做"界"；凡是可以做"界"的，又都可以称做"法界"。"九界"是菩萨界、缘觉界、声闻界、天界、人界、阿修罗界、畜生界、饿鬼界、地狱界。连了"佛界"，总共是"十界"，所以也可以叫"十法界"。"缘觉""声闻"见下面详细解释。"阿修罗"是"梵语"，翻译中国文是相貌很丑的意思。"阿修罗"同"鬼"是一类的，他们也修戒、修福的，因为发火心很大，所以落到"阿修罗"道中去了，他们常常同"忉利天"帝释战斗的。

因为"心"是万物的"主"，也是一身的"主"。"心"的力量最大，"心"要怎样就怎样："心"要成佛就成佛，"心"要堕地狱就堕地狱，"心"的力多么得大呀！不论什么境界，没有像虚空那样大到没有边际的，独有这个"心"可以包含"虚空"。可见"心"的量是多么的大呀！"心"的力、"心"的量，既然都有这样的"大"，若是能够"用得正当"，还有什么事情办不到呢？所说的"用得正当"，就是没有一些些"妄想心"，完全拿"智慧"去用这个心，那么本来有的"真实心"，就渐渐地能够显露了。

学佛的人，最要紧的是"信心"。没有"智慧"，就不能够辨别邪正，对于佛法就不能够生出"正信"（正信：是正当的信心，是信正当的道理，不是信的邪道）的"心"来，没有"正信"的心，就容易生"疑惑"了，修佛法最忌的是"疑惑"。

　　《无量寿经》（无量寿经：是一部佛经的名目，和《阿弥陀经》一样是讲西方极乐世界的）上说："生彼国者，落在'边地'（边地：是西方极乐世界的边界上，不是在西方极乐世界的胜地），复受胎生"。这几句经的意思，是说有"疑惑"心的人，修一切的功德，往往不会修成功的，即使修成功了，生到了西方极乐世界去，也只能够生在极乐世界的"边界"上，不能够生到极乐世界中的胜地。生在"边界"的人，要五百年见不到佛面，听不到佛法，碰不到一切菩萨、缘觉、声闻等种种上等善人。差不多像包在胎胞中一样，什么都看不到，所以叫"复受胎生"。

　　〇复受："复"字，读"负"字音。同"亦"字，"再"字差不多的意思，也可以当做"又"字解释。"复受"，就是"再受"。胎生：一个人在娘肚内生出来，是"胎生"。现在落在"边地"，又到了什么都看不到，像在胎胞中一样，不是也像再受一次"胎生"吗？所以叫"复受胎生"。

　　〇缘觉：是从梵语"辟支佛"翻译成中国文的。全称"辟支迦佛陀"五个字。他们是修"十二因缘"（十二因缘：在"无无明，亦无无明尽"下面有详细解释的）觉悟了，修成的，所以叫"缘觉"。他们发心修道的时候，世界上有佛的，到了他们修成的时候，佛已经涅槃了，所以没有佛教导他们，并且他们都是单独一个人在深山中静修成功的，所以也可以叫"独觉"。

　　〇声闻：是修"四谛"（四谛：在"无苦、集、灭、道"下面有详细解释的）修成的，总共有"四果"。"果"字，譬如结果的意思。修到怎样的功夫，就得到怎样的"位子"，譬如结了怎样的"果"。声闻的第一果，梵语"须陀洹"，翻译中国文叫"入流"。是脱离"凡夫"，进入"圣人"的路上去的意思。第二果，梵语"斯陀含"，中国文叫"一来"。是"迷惑"还没有清净，还要到我们人的世界上投生一次，再到"六欲天"（六欲天："天"总共有二十八层，离我们世界最近的天有六层，叫"六欲天"。在《阿弥陀经白话解释》"无量诸天大众俱"一句下面有详细解释的）上投生一次，才能够断尽迷惑，所以叫"一来"。第三果，梵语"阿那含"，中国文叫"不来"。那是"迷惑"都断尽了，不再生到"欲界"来了，所以叫"不来"。第四果，梵语"阿罗汉"，中国文有"杀贼""应供""不生"三种意思。"迷惑"的害人，是最厉害的，像害人的"贼"一样的。"阿罗汉"把害人的种种"迷惑"都破除净尽，就像把害人的"贼"完全杀了一样，所以叫"杀贼"。修到了"声闻"最高的果位，应该受人天的"供养"了，所以叫"应供"。修到了"阿罗汉"，已经永远的脱生死，不再生到"三界"中来了，所以叫"不生"。"缘觉""声闻"都是只知道自己了脱"生死"，不知道普度众生，所以都称"小乘国"（乘：可以解释做"车子"，也可以解释做"船"。佛、菩萨称"大乘"，因为佛、菩萨的愿心大，法力也大，可以多度众生，像是"大船""大车"可以多装人；"缘觉""声闻"愿心小，法力也小，只晓得自己了脱生死，不能够多度众生，像"小船""小车"，不可以多装人一样的），也称"二乘"。

那么这个"智慧"的关系，实在是大得很，因为一定要有智慧，才能够修到没有"生死"的那边"岸"上去，所以叫《般若波罗蜜多心经》。

观世音菩萨的心，又是最慈悲的。因为哀怜众生的苦，所以把众生受苦的缘故，完全一齐说出来，使得众生可以把这个"苦根"完全打破、完全拔去，只有快乐自在。所说的话，虽然不多几句，但是一个个字，都是从"真实心""大悲心"中流出来的，才会有这样的深奥、精妙、恳切。所以这部经的题目就叫《心经》。

〇苦根：是受苦的"根"。有了这个"根"，才会从这个"根"上生出种种的"苦"来。下面经上所说的"五蕴"就是苦的"根"。

还有一种意思，在《暮时课诵》中的"蒙山施食仪"开头一个偈的第四句说的"一切唯心造"这一句的意思，是说所看到一切的"法"，都是这个"心"造出来的。"十法界"的种种景像，没有一样不是从"心"造出来的。"十方、三世、尽虚空、遍法界"，没有一些不包藏在这个"心"中的。"心"在"三恶道"（三恶道：就是"畜生道""饿鬼道""地狱道"），就成"三恶道"；"心"在"人""天"（人天："人"就是"人道"。"天"就是"天道"），就成"人""天"；"心"在"缘觉""声闻"，就成"缘觉""声闻"；"心"在"菩萨"，就成"菩萨"；"心"在"佛"，就成"佛"。"心"的力量大到不可以用话来形容的。

○偈：是一种称赞的文字。一段"偈"中的句子，都是一样长短的，或是三个字，四个字一句的，或是五个字，七个字一句的叫"偈"。"偈"读"忌"音。

○尽虚空、遍法界："尽虚空"是说"虚空"本来没有穷尽的。现在说穷尽"虚空"，是形容广大到没有可以再广大的意思。"遍法界"，是说"法界"本来广大到没有边际的，现在说周遍"法界"，也就是形容"法界"的广大，没有可以再广大的意思。"广"字和"大"字是差不多的意思。

所以这个有"生死"的"岸"，就是在自己的"心"中；那个没有"生死"的"岸"，也就是在自己的"心"中；要不要到那个没有"生死"的"岸"上去，完全在自己的一个"心"。所以"心"要在这"岸"，就永远在这"岸"；"心"要到那"岸"，就立刻可以到那"岸"。不过要到那"岸"，是要用"智慧"的。至于肯用这个"智慧"，或不肯用这个"智慧"也就全在自己的"心"，所以叫做《心经》。

这部《心经》，是把这个"心"字来做《经》的"本体"（本体：就是实在的"质地"，也可以说是"骨干"）的；把这个"般若"来做"用处"的；把"彼岸"来做"结果"的。所以叫做《般若波罗蜜多心经》。

④经：梵语叫"修多罗"，翻译成中文是"契经"两个字。"契"字是"合"字的意思，就是说佛经"上可以合诸佛的理"，"下可以合众生的机"。（即众生的"根机"，根机有"利"的，有"钝"的。"利根"就是有"智慧"的人，可以同他讲深的道理。"钝根"就是"呆笨"的人，只能够同他讲浅的道理，这样才合众生的"机"。）

"经"，是"路"、是"法"。世界上的人不晓得修行的"路"、修行的

"法"，看了《经》可以晓得修成佛的"路"和修成佛的"法"。喜欢走哪一条"路"，学哪一种"法"，就照那一条"路"走前去，那一种"法"修上去。

佛经的名目虽然多得很，但都是不出七种类型：就叫"单三""复三""具足一"。

什么叫"单三"呢？就是一个"经名"中，只有"法"，或是只有"人"，或是只有"喻"（即"譬喻"），像这样只有单零一种的经名，总共有三种，所以叫"单三"。所说的"单"是"法"，就像《大品般若经》《大涅槃经》等都是的，因为"大品般若"和"大涅槃"都是"法"，只有"法"的一种，其中没有"人"和"喻"，所以叫"单是法"。所说的"单是人"，像《阿弥陀经》《维摩诘经》等都是的，因为"阿弥陀佛"和"维摩诘"都是"人"，只有"人"的一种，其中没有"法"和"喻"，所以叫"单是人"。所说的"单是喻"，像《璎珞经》《梵网经》等都是的，因为"璎珞"和"梵网"都是"譬喻"，只有"喻"的一种，其中没有"法"和"人"，所以叫"单是喻"。

什么叫"复三"呢？就是一个"经名"中有两种：或是"法和人"、或是"法和喻"、或是"人和喻"，像这样重复的经名也有三种，所以叫"复三"。先说"法和人"，像《药师如来本愿功德经》《文殊问般若经》等都是的，因为"药师""文殊"都是"人"，"功德""般若"都是"法"。有"人"有"法"，所以叫"复"。再说"法和喻"，像《妙法莲华经》《宝星陀罗尼经》等都是的，因为"妙法""陀罗尼"都是"法"，"莲华""宝星"都是"喻"。有"法"有"喻"，所以叫"复"。再讲"人和喻"，像《胜鬘师子吼经》《文殊宝藏经》等都是的。因为"胜鬘""文殊"都是"人"，"师子吼""宝藏"都是"喻"。有"人"有"喻"，所以叫"复"。

什么叫"具足一"呢？就是一个"经名"中，"法""人""喻"三种都完全的，像《佛母宝德藏般若经》《大方广佛华严经》等都是的。因为"般若""大方广"都是"法"，"佛母""佛"都是"人"，"宝德藏""华严"都是"喻"，像这样三种都完全的经名只有一种，所以叫"具足一"。凡是佛经的题目都是这样的。

⑤梵语：是印度国的话。印度是一个国名，在中国的南方。照《经》上说，是"梵天"上的人，下来到我们这个世界上，开创这个印度国，印度人说的话，都是"梵天"上的话，所以叫"梵语"。又"梵"字是清净的意思，佛教内修行的人都是清净的，所以"修净行"也可以叫"修梵行"。

○梵天：两字在《阿弥陀经白话解释》中"无量诸天大众俱"一句下讲过的。

人　题

唐①三藏②法师玄奘③译④。

【解】这本《心经》，是从前唐朝时候，有一位高明的法师，法名叫玄奘，翻译成中国文的。

【释】①唐：指距今一千多年前，有一个朝代，叫"唐朝"。

②三藏：就是"经藏""律藏""论藏"。"经藏"是各种佛经。"律藏"就是专门讲各种禁戒的规条。"论藏"是专论佛法道理的书。

"藏"是包藏的意思，因为许多佛法的道理，都在这三种内包藏着的，所以叫"藏"。在《阿弥陀经白话解释》中"姚秦三藏法师鸠摩罗什译"的一句下，有详细解释的。精通这"三藏"种种道理的法师，就称"三藏法师"。

③玄奘：俗姓陈，是河南洛洲缑氏人（即现在河南省偃师县）。十五岁时，跟了他的哥哥长捷法师，在净土寺出了家，专心用功，各种经典都学得精通了。到唐太宗的贞观三年八月（太宗是唐朝第二个皇帝。"贞观"是太宗皇帝的年号，像"清朝"的"光绪""宣统"一样的。），太宗皇帝叫他到印度去取经。到了"罽宾国"（即北印度，现在叫"克什米尔"一带地方），

路上都是虎豹，危险得很，不能够再向前走。忽然碰着一位老和尚，面上生疮，身上都是血迹，衣服龌龊得很，也不晓得他从哪里来的。玄奘法师看见这位老和尚有些希奇样子，就拜求他指引到印度去，和可以免去危险的方法。这位老和尚就口授玄奘法师念这本《心经》。玄奘法师学会了就常常念，一路上就平平安安，经过了十八个国，到了"舍卫国"（即现在的印度国）取到了许多佛经。在贞观十九年正月，回到京城长安（长安是陕西省的一个县名。凡是皇帝所住的城，叫"京城"。唐太宗皇帝就住在长安，所以长安就称做京城。），住在唐太宗的"玉华宫"中，专门翻译佛经。总共翻译成73部，1330卷。这本《心经》就是这73部中的一部。

法师到了65岁，生起病来了，病中看见一朵大白莲华，和阿弥陀佛就往生西方了。但照《慈恩传》上说：是玄奘法师到四川去，路上碰到一个病人，满身生的臭疮，衣服又很污秽，玄奘法师就拿衣服和吃的东西给他，他就把这部《心经》口授玄奘法师。后来，玄奘法师到印度去取经，碰到危险的时候，就念这部《心经》，就什么危险都没有了。两种说法，虽然稍稍有些不同，但是《心经》是有人口授玄奘法师和念《心经》的效验，那都是一样的。

④译：心经的汉译本，总共有五种。一是罗什法师译的叫《摩诃般若波罗蜜大明咒经》；二就是这本玄奘法师译的《般若波罗蜜多心经》；三是般若利言法师译的，也叫《般若波罗蜜多心经》；四是法月法师译的，叫《普遍智藏般若波罗蜜多经》；五是施护法师译的叫《佛说圣佛母般若波罗蜜多心经》。从唐朝到现在，各处流通的，都是这本玄奘法师译的。

正 文

观^①自在^②菩萨^③,

【解】"观（音贯）自在菩萨"，就是"观世音菩萨^④"。"观"本来是看的意思，但是这个"观"字，有"照看"和"查察"两种的意思；还有不是用"眼光"来看，是用"心光"来看的意思（心光是自己真实心中本来有的光）。

"自在"是自由自在，受用得很的意思。

"观自在"是自己照照自己的心，觉得自在得很。所以能够自在，就是明白了下面所说种种道理的缘故。

"观自在菩萨"，这尊菩萨因为明白了这个心自在得很的道理，所以称"观自在菩萨"。

【释】①观：是"观察""观照"的意思。"察"是"查察"的意思。就是《观无量寿佛经》中所讲的最圆妙的"观法"。

圆妙观法：就是那"一心三观"的法门。要晓得"一心三观"的道理，先要明白"三谛"的道理（"谛"是考察实在，见到真实道理的意思）。"三谛"

是一切法的真相，随便哪一种法，其中都有这"三谛"的道理。

"三谛"就是"真谛""俗谛"和"中谛"三种。

"真谛"就是"空"。不过这个"空"，不是"顽空"（"顽"字，是不灵通，没有变化的意思，"顽空"，就是"有形相"的"空"），是"真空"（不虚假，叫"真"，没有虚妄相叫"空"，"真空"就是自己的"本性"）。所有一切的法，凡夫认为"有"的，实在都是"空"的，这就叫"真谛"。

"俗谛"，是所有一切的法，都是人的"妄心"中变现出来的（"妄心"就是"虚假的心"）。从这种"妄心"中变现出来的一切法，都是"妄相"。虽然有这种"妄相"，但是这种"有"，是"假"的"有"，不是"真"的"有"。所以变现出来的一切"妄相"，凡夫认为"真有"的，实在都是"假有"，这就叫"俗谛"。

"中谛"，是"真"的"空"，不碍"假"的"有"；"假"的"有"，不碍"真"的"空"。"空"和"假"是可以融通的（照俗话说起来，就叫"通融"），没有两种分别的。"真谛"和"俗谛"融通了，就叫"中谛"。

那些不明白的人，听说"真谛"是"空"，"俗谛"是"有"，一定要疑惑：既然是"空"，就是不"有"了；既然是"有"，就是不"空"了。"空"和"有"是绝对相反的，怎么可以说"真俗"二谛融通了就是"中谛"呢？既然"空"和"有"是绝对相反的，怎么可以融通呢？既然不能够融通，还从什么上生出"中谛"来呢？

要晓得"真谛"的"空"，是"不空"而"空"的，"不空"而"空"叫做"真空"。"俗谛"的"有"，是"非有"而"有"的，"非有"而"有"，叫"妙有"。

"真空"是"法"的实性，"妙有"是"法"的虚相。"性"是"相"的本体，"相"是"性"的作用。没有"性"，就不能够现出"相"来；没有"相"就不能够显出"性"来。所以"性"和"相"是不能够分离开来的。"性""相"既然不能够分离开来，那么"性""相"当然可以融通的了。"性""相"既然是融通的，那么"真空"和"妙有"，也当然可以融通了。因为"真空"就是法的"实性"，"妙有"就是法的"虚相"的缘故。

"真空"就是"真谛"。"妙有"就是"俗谛"。"真空"和"妙有"，既然可以融通的，那么"真谛"和"俗谛"也当然可以融通的了。"真""俗"二谛融通，就是那"中道第一义谛"的道理。"第一义"是说这种真实的道理，在一切"法"中，最上、最高的意思。

所以"三谛"的名目，虽然有三种，讲到"体性"（"体"就是"本体"，"性"就是"本性"，"体性"两个字合并起来，就是"实在的质地"，不是"空"的），实在只是一种，就是"中谛"。

这个"三谛"的道理，我用一个比喻来说，就容易明白了。譬如一只茶杯，本来是没有的，因为有了"沙土"和"水"（瓷的东西，本来是用一种沙土和水烧成的），再加上"人工"去做，用"火"去烧，就形成了这一个茶杯。所以这个"沙土"和"水"，是形成茶杯的"因"，"人工"和"火"是形成茶杯的"缘"。倘然只有"沙土"和"水"的"因"，没有"人工"去做、"火"去烧的"缘"，那么这个茶杯也不会生出来了。所以这个茶杯，实在是"因"、"缘"和合，才生出来的。那么就是"因缘所生法"了。（在佛经中，不论什么境界、什么东西、什么事情，都可以叫做"法"的，"法"本来就是东西，这里是指这个茶杯。）

凡是"因缘和合"生出来的"法"，实在不是真实的，是虚的、假的。所以虽然在眼前有这么一个茶杯，但是讲起"理"来，究竟还是"空"的，究竟还是从人的"虚妄心"中现出来的"虚妄相"，这就是"真谛"的道理。

虽然，它究竟是"空"的，但是在"凡夫"的"虚妄心"中，明明现出这么一个虚妄的茶杯来，那就不能不称它一个"茶杯"的"假名"，这就是"俗谛"的道理。

虽然它是"空"的，还是有这么一个"假名目""假形相"；虽然有这么一个"假名目""假形相"，实在还是从"虚妄心"中变现出来的"虚妄相"，实在还是"空"的，这就是"中谛"的道理。也就是"一境三谛"的道理。

"一境三谛"的"一境"就是一样东西、或是一种景像，这里所说的"一境"，就譬如一个茶杯，其中就有"真谛""俗谛""中谛"的三种道理。所以叫"一境三谛"。不论什么"法"，其中都有"三谛"的道理。

一心三观："三观"就是"空观""假观""中观"。讲到这"三观"的道理，虽然说"三观"，实在只是一个"心念"。

见得所有一切的"法"，都是从"虚妄心"中变现出来的，所以虽然有一切"法"的"相"，它究竟都是"空"的，不实在的，这就叫做"空观"，就是"真谛"的道理。

见得所有一切的"法"，虽然都是从"虚妄心"中变现出来的，都是"空"的，但是，明明各有各的"假相"的，这就是"假观"，就是"俗谛"的道理。

见得所有一切的"法"，说它是"空"，但是这个"空"的"真理"，就是在"有"中现出来的；说它是"有"，但是这个"有"的假相就是在"空"中现出来的。"真空"不碍"假有"，"假有"不碍"真空"，"空"，"假"没有两种分别，都是自己本来有的"真性"上现出来的，这就叫做"中观"，就是"中谛"的道理，也就是"一心三观"的道理。这种"观法"，说了一种"观"，三种"观"都在其中了。

因为不论"空观""假观""中观"，都是从这个"心"中变现出来的。譬如说：1."空观"是"空"的，但是明明有一个"假形相"在那里，那就有"假观"在"空观"之中了。2.又说"真空"不碍"假有"，"假有"不碍"真空"，就叫"中观"，那就又有"中观"在"空观"之中了。3.又譬如说"假观"，虽然有"假形相"的，但是它究竟还是"空"的，那就有"空观"在"假观"之中了。4.又说"空""假"没有两种分别，就叫"中观"，那就又有"中观"在"假观"之中了。5.又譬如说那"中观"，本来就是"空""假"二观融合了才成的，更加不必说"中观"就是"空""假"二观了。所以说了一种"观"，就三种"观"都在其中了。

所以说"一空一切空"（"法性"的道理，"一"就是"一切"、"一切"就是"一"，没有什么分别的，所以说是一空一切空）。下面所讲的"一假一切假"，"一中一切中,也是这个道理），"假"和"中"都是"空"。"一假一切假"，"空"和"中"都是"假"。"一中一切中"，"空"和"假"都是"中"。"三观"全在自己的"一念"之中，同时作"观"，没有前后的次序的，所以说"一心三观"。因为"三谛"只是一个境界，所以"一谛"就通"三谛"，也就可以叫"一境三谛"。（因为同样的一个"境界"，其中有"真谛"的道理，也有"俗谛""中谛"的道理，所以在一种境界"之中，三种"谛"完全都有的，所以叫"一境三谛"）。

因为"三观"只是一个"心念"，所以"一观"就具"三观"，也就可以叫"一心三观"。因为用自己本来有的"真实心"去观察，那就不论什么"法"，都是"真空"的，就都是"假有"的。所以观察起来，一定是"三观"同时的、没有先后的，所以不能只有"一观"，或是只有"二观"的。

那么，为什么一定是"三观"同时呢？因为说不论什么"法"，都是"真空"的，那是"空观"。又说都是"假有"的，那是"假观"。"空观"、"假观"融通了，就是"中观"。不论什么"法"，都是"空观"又都是"假观"，那么已经" -观"就是"二观"了；有了"空观"和"假观"，又自然会融通了成"中观"的，那就是"三观"了。照这样说起来，不是有了"一观"，就一定"三观"同时都有了吗？"空观""假观""中观"都是用这个"心"去观照的，"三观"都在这一个"心"中起来的，那就是在一个"心"中，三种"观"完全都有了。

这个"一境三谛"就是所观的"境"；"一心三观"就是能观的"心"。"观"是用这个"心"去"观"的，"境"是从这个"心"中现的。"能观""所观"，都是这个"心"。

在佛经中，用"能""所"的地方是很多的，不可不知。"能""所"两个字，是就相对两方面说的。"能"字，是指"动"的一边说的，"所"字，是指"被动"的一边说的。譬如说人念经，这"念"是要用"心"去"念"的，在这一方面是"能念"的"心"，是"动"的一边，所以就是"能"的一边；念的是"经"，在那一方面，所念的是"经"，是"被念"的一边，所以就是"所"的一边，这就是"能""所"两方面的道理。所以"能""所"也不是两种，实在也都就是这个"心"。《观无量寿佛经》中，所以称做最圆妙的"观法"，就因为这种种的缘故。

还有一种道理，不可不知：所有的"一切境界"，完全是自己的"心"造出来的，实在"一切境界"，也都是没有的，都是空的、假的。用自己的"心"来作"观"，实在就是"观"自己的"心"。所以"三谛""三观"，只是一种"体性"，也只是自己的一个"心"。既然都是自己的"心"，哪里还有不融通的呢？

用这个"一心三观"的方法，去观察一切"法"，譬如太阳照在黑暗的房屋中，没有一些些照不透彻的地方的。所以这个"观法"叫"圆妙观法"。观自在菩萨之所以能成菩萨，就靠了这个"圆妙观法"；菩萨之所以称"观自在"，也是因为用的这种"圆妙观法"的缘故。

（以上讲了一大段的"圆妙观法"，道理是很深的，看了能够明白，自然是最好；若是不明白，也不要紧，只要把《心经》多念，把这"解释"多看，慢慢的就会明白了。）

修这种"观法"，是先要用些"定"的功夫的。"妄想"（妄想："妄"字是虚的、假的、不真实的意思）太多、心思太乱，怎么能够修这圆妙的"观法"呢？用了"定"的功夫，才可以把这个心思，静细起来，妄想渐渐少起来。"妄想"少了一分，"真性"就多显出一分来；"真性"多显出一分，种种"虚妄"的境界也就少一分；"虚妄"的境界少一分，"真实"的境界就多一分。

所以《观无量寿佛经》上说：佛教"韦提希夫人"修十六种"观法"，修到第七观，就见到极乐世界、阿弥陀佛和"观世音""大势至"两尊大菩萨。这个修"观"的功夫，不是了不得的吗？

一个人的"真性"，本来清净明亮得很的，只因为妄念太多，把"真性"遮盖住了，所以"真性"里的智慧光就显不出来了。譬如镜子上面的灰尘，太多了，就发不出光来。修"观"的方法，是要把心思清净，譬如揩去镜子上的灰尘，使得本来有的光发出来，就不论什么，都照得很清楚了。

这个"观"字，就是用自己清净心中本来有的智慧光，来观照自己的心，觉得很是清净自在、圆融（圆融：是没有一些滞碍，也没有一些固执不通融的意思。"融"是"通"和"化合"的两种意思）无碍，那就可以观照一切景像了。

②观自在：佛经上说起来，我们这种"凡夫"叫"具缚凡夫"，就是说"完全被束缚"的意思。"凡夫"所以完全被束缚，不能够自由自在，就因为没有智慧，不明白真实的道理，不晓得修这种"般若波罗蜜多"的缘故。

菩萨就因为有智慧，所以能够自由自在：自由自在地发菩萨心、自由自在地修菩萨行、自由自在地救苦，自由自在地度众生，没有一些不自由自在，也没有一丝束缚，所以称"观自在"。

③菩萨：是梵语，全称"菩提萨埵"四个字。现在只称"菩萨"两个字，是简单的说法。翻译中国文"菩提"是"佛道"，"萨埵"是"成就众生"。就是用佛道来教化众生，使得众生都修成佛的意思。

也可以翻译做"觉有情"三个字。"有情"就是"众生"，凡是有知觉的就有"情"，有了"情"，就要迷惑，迷惑了就有"生死"，所以"众生"叫"有情"。

"觉"字，是"警觉""醒悟"的意思。是用佛法去"警觉"众生，使得众生从迷惑里"醒悟"起来，所以叫"觉有情"。

"观照"自己的心，使得自己觉悟，叫"自觉"。使得众生觉悟，就是觉悟他人，叫"觉他"。等到"自觉""觉他"的功行（功行："功行"的"行"，读做"恨"字音，是一个人所做的一切事情，也可以说就是"修行"。"功行"是做的一切有功德的事情）修圆满了，叫"觉行圆满"，那就"成佛"了。这就是"菩萨"两个字的道理。

④观世音菩萨：本来是从"耳根"上用功得道的，怎么不称"闻世音"，倒反称"观世音"呢？这是因为这尊菩萨，专门用智慧来"观照"自己的真性，成了菩萨。并且观世间上苦恼众生，若众生一心称念"观世音菩萨"名号，菩萨就去救护他们、解脱他们的苦恼，所以称"观世音"。

实际上，"观世音菩萨"在最古最古的时候，释迦牟尼佛还没有成佛之前，早就成了佛的，佛号是"正法明如来"。因为慈悲心太切了，看见世界上的众生苦得可怜，所以特地现这种用功学佛的"相"，一步一步地修行，一直修到成菩萨，做一个榜样给众生看。希望大家都照他修行的方法去修，并且都修成菩萨。这是观世音菩萨发的一片不得的大慈悲心来救度众生的。观世音菩萨因为是专门来度众生的，所以不论在哪一道的众生，只要能够度，就没有不度的。哪怕在"地狱道"，或是在"畜生道""饿鬼道"也都去度。

观世音菩萨看这个众生，应该用什么方法去度他，就现什么"相"去度，所以，观世音菩萨现的"相"最多，哪怕恶鬼的"相"也会现。大家常常看见画的，或是塑的观世音菩萨是"女相"，就是现的许多"相"中的一种。因为要度女人，所以就现"女相"的，这都是菩萨度众生的大慈悲心。

○音：有人问："观世音"的"音"是应"听"的，怎么叫"观"的呢？这有两种道理：一种就是以上说过的，这个"观"，是"观照"的意思，是用"心眼"来"观"的、是用"道眼"来"观"的，不是用"肉眼"来"观"的。（"心眼"是"心"中的"眼"，不是我们"凡夫"生在面上的"肉眼"。虽然说"心眼"，实在就是这个"心"；"道眼"是修道的"眼"，就是《金刚经》中所说的"法眼"。"道眼"有各种不同，"缘觉""声闻"的"眼"叫"慧眼"。"菩萨"

的"眼"叫"法眼"。"佛"的"眼"叫"佛眼"。)

〇一种是"眼"也有能够"听"的用处的，像我们这种"凡夫"，那就："眼"只能够看，"耳"只能够听，"鼻"只能够嗅。若是修到了证得"果位"的时候，那就如以上所说的，可以用"圆妙的观法"，"眼"可以听、可以嗅、可以尝，"耳"可以看、可以嗅、可以尝，"眼、耳、鼻、舌、身、意"六根都可以通用了。观世音菩萨已经修到了候补佛的地位，哪有"六根"不能够通用的道理呢？所以只有这尊菩萨，才够得上称"观世音"。

行深般若波罗蜜多时[①]，

【解】"行"是依照用智慧到彼岸的方法去修的功夫。"深"是说修的功夫很深了。"时"是说修到功夫深的时候。

【释】行深般若波罗蜜多时：从这个"生生死死"的一边，到"没有生死，自由自在"的那边去，是很不容易的。不用"智慧"，哪里办得到呢？

《大品经》上说：要求无上菩提（即成佛），应该学"般若波罗蜜"。那么，这个"般若波罗蜜"，实在是最高、最妙、修成佛的根本，哪里可以用"浅功夫"去修，而不用"深功夫"去修呢？不用"深功夫"去修，哪里会明白？哪里会证到呢？

所以，观自在菩萨虽然已经成了菩萨，还是专门用那种"一心三观"的圆妙方法，去修"般若波罗蜜多"。用这"一心三观"的方法，是用什么去"观"的呢？就是用这个"智慧"了。没有"智慧"，怎么会用"一心三观"的方法呢？不用"一心三观"的方法，怎么会修到"般若波罗蜜多"呢？所以，这个"智慧"，实在是最最要紧的。

观自在菩萨专心修这个法门，明白一切的"法"，都是自己的心变现出来的，都是虚妄的。所以，也没有什么叫做"人"，也没有什么叫做"我"，更加没有什么叫做"法"了。既然明白了这种道理，还有什么可以"分别"，有什么可以"执著"呢（"执著"的"著"，读"着"字音。"执著"是固执不圆通的意思。就是"凡夫"的"虚妄心"中，错认的一种事情，还要捏定了自己偏在"一边"的见解，一定认为不错的。譬如：对于"色"，就认为一定有这个"色"的"相"的。对于"空"，就认为一定有这个"空"的"相"的。所以叫"执著"）？这就破了"人我执"（人我执：就是"执著"有一个"我"的见解，"执著"是他人，不是"我"的见解。有了"我"的见解，就会有"人"的见解了，就要有"我"和"人"的分别心了），"法我执"（法我执：就是"执著"所有一切的法，认为是"真有"的、是"实在"的。那种"见解"，在《佛法大意》中都已讲过）的两种习气了。这才可以叫做"行深"，没有这样的功夫，还不能够说是"深"。观自在菩萨是"等觉"菩萨，所以能够有这样的深功夫。

照见^①五蕴^②皆空^③。

【解】 "蕴"字，是把梵语"塞建陀"翻译成中国文的。也有翻译为"阴"字的。都是包藏在内，不显露在外面的意思；还有积聚，盘结的意思。

"五蕴"就是"色^④、受^⑤、想^⑥、行^⑦、识^⑧"五种。众生都被这五种"蕴"，把原来有的"真性"包藏、遮盖、迷惑住了，所以生生死死，永远受不尽种种的苦。

观世音菩萨用智慧先来观察自己的心，觉得这"五蕴"都是"空"的，实在没有什么东西的（说得文雅一些，就是"没有实体"），容易"破"得很。

【释】①照见：就是用"一心三观"的"圆妙法"去观照。在观照的时候，全是用的"本性"中的"智慧光"，没有一些些"虚妄心"的。既然没有一些"虚妄心"，那么这种"五蕴"的"虚妄相"，自然现不出来了。"相"之所以"现"不出，就因为完全是"空"的，没有什么可以"现"出来的缘故。像"水中月""镜中华"，没有一些些"体性"的（"体性"：就是"实质"，就是有实在的"质地"，不是"空"的），不就都是"空"的么？只有这个赤条条、净裸裸的清净心，才是真实的。除了这个"真实心"，就都是"虚"的、"假"的、"空"的了。并且用"智慧"来观照，就能够显出"本觉性"来（"本觉性"：就是本来有的"真性"、本来有的"知觉性"），"本觉性"内，清清净净，一"蕴"都没有的，哪里还有什么"五蕴"呢？所以"观照"起来，就能够明白"五蕴"都是"空"的了。

②"五蕴"：是"色、受、想、行、识"五种。因为有"色、受、想、行、识"五种蕴积聚、盘结在心中，就使得人迷迷惑惑、颠颠倒倒，把原来的"真实心"、"智慧光"，一齐遮盖住了，就造出种种恶业来。

譬如"虚空"本来是很清净的，天上的"太阳"本来是很光明的，忽然被阴云遮盖了，虚空就不清净了，太阳的光明也就隐没了、显露不出了。

众生的真心，本来也是很清净光明的，被这"五蕴"遮盖住了，像阴云遮盖了太阳一样，这真心的清净光明也都显不出来了，所以叫它"五阴"。

"五阴"就是"五蕴"。"阴"字有"遮盖"的意思，把"真心"遮盖住了，显露不出来了。

"五阴炽盛"（"炽盛"：是火烧得很旺的意思。譬喻"五蕴"的迷惑人，厉害得很，像旺火烧毁东西一样），就是说"五蕴"迷惑人，像把火来烧一样的厉害得很。可见这"五蕴"实在可以逼人的，可以把人的"慧命"烧坏的（"慧命"：就是"智慧命"，实在就是人的"本性"）。一个人有了"一蕴炽盛"，已经了不得了，何况有"五蕴"呢！

③五蕴皆空：把这"五蕴"分开来说，叫做"色、受、想、行、识"。其实，这"色、受、想、行"四蕴，还都是从"识蕴"中生出来的，所以，这个"识"，实在是"五蕴"的根本。

"五蕴"中的"色蕴"，是"色"；"受、想、行、识"四蕴，都是"心"，"心"和"色"和合了，就成了一个"身体"。一个人就是这"五蕴"合拢来的身体，既然是"和合成的"，那就完全是虚假的了，就是"因缘所生法"了，凡是"因缘所生法"，都是虚假的。由"因缘"合成了这么一个"形相"，就有"生死"，所以这个"五蕴"，实在是"生死烦恼"的根本。

讲起实在道理来，所有一切的"法"，都是从"因缘"生出来的。佛经上说"万法从缘起"，就是说"因缘"合拢了，"法"就生了，"因缘"离开了，"法"就灭了。就拿这个"色身"来讲，身体本来是"地、水、火、风"四大合拢来了，才成这么一个身体，所以"地、水、火、风"四大是"因"，父母是"缘"，"因缘"凑合，就成了这个"色身"。

〇四大：就是"地、水、火、风"。一个人身体上的皮肉、筋骨、齿爪、毛发、脑髓，都归在"地大"内，脓血、精液、涕泪、涎痰、大小便，都归在"水大"内；暖气归在"火大"内；呼吸动作归在"风大"内。"四大"就是"四大部份"的意思，简单的说，就叫做"四大"。

"色"是万法中的一种"法"，"受、想、行、识"是万法中的四种"法"。"色"既然是从"因缘"生出来的，那么"受、想、行、识"也自然是从"因缘"生出来的了。凡是"因缘"所生的"法"，就有"生、灭"，有"生、灭"的"法"，就是"虚妄法"，就是"空"。

佛经上说："缘生无性，当体即空。"这两句是说"五蕴"既然都是"因缘"所生的"法"，自然是没有"真实性"的了，自然原来就是"空"的了。所以说"五蕴皆空"。

〇当体：是说原来的质地，像"波"的"当体"就是"水"。"当体即空"，可以说"本来就没有实质"的意思。

只有这个本来有的"清净心"，是永远不变的，是真实的，不是空的。而这种"五蕴"，都是没有"实体"的，没有"实性"的，都是从"妄心"上起的"妄见"（即虚妄的"见解"），哪里是"真实"的呢？哪里不是"空"的呢？但是众生都是迷惑得很，哪里会觉得"五蕴"都是"空"的呢？

〇实体：就是"实在的体质"，"实在的质地"，不是"空"的、"假"的。是和上面的"本体"差不多的意思。

④"色"：又可以分为两种：一种叫"内色"，就是人身上的眼、耳、鼻、舌、身。一种叫"外色"（"内色"和"外色"在下面"无眼、耳、鼻、舌、身、意"，"无色、声、香、味、触法"两句下，还有详细解释的），就是天、地、山、河种种的东西、种种的境界。

⑤"受"：是领受的意思。就是身体上的"眼、耳、鼻、舌、身"五种"根"，对着身体外面的"色、声、香、味、触"五种"尘"，就要去"领受"，就会受到种种苦的、乐的境界了。

〇根：因为一切虚妄的"法"，都是从"眼、耳、鼻、舌、身"中生出来的，像种在地下的东西，都是从"根"上生出"华""果"来一样的，所以叫做"根"。

〇尘："尘"是浑浊不清净的意思。因为娑婆世界，是不清净的，所以生在娑婆世界里的不论什么东西，也都是不清净的。这"色、声、香、味、触"五种东西，也当然都是不清净的。并且这五种东西，都能够使"五根"也不清净，使"五根"也污秽，所以叫做"尘"。

〇领受：就是"眼"看到了"色""耳"听到了"声""舌"尝到了"味"。

⑥"想"：是"转念头"。"五根"既经领受了"五尘"，就要生出种种"妄心"来，和去想"五蕴"的形相、名目等等各种的"乱念头"。

⑦"行"：是一个"乱念头"过去了，又是一个"乱念头"起来，接连着没有停歇，这种"乱念头"就都成了各种"业"的"种子"了。

⑧"识"：就是分别那种种东西、境界，这样好、那样坏，这样喜欢、那样讨厌的"妄心"。

度①一切苦厄②。

【解】"度"是"救度"的意思，实在和"渡"字的意思差不多。从这边"岸"上坐了船，撑到那边"岸"上去，叫"摆渡"；把苦恼世界上的众生，教他们修了"智慧"，使得他们生到快乐的世界上去，叫"救度"。

"厄"字，是灾难的意思。"度厄"就是救度一切众生的苦难。

【释】①度：《观无量寿佛经》上说："举身光中（'举身'，就是全身、周身的意思），五道众生，一切色相，皆于中现。"这几句经，就是说：观世音菩萨周身的光中，"天、人、畜生、饿鬼、地狱"五道众生色身的形相，都在这"光"中现出来。这就是因为观世音菩萨的大慈大悲心，格外的"切"，专门在各处寻苦恼的声音，去"救度"一切众生的"苦厄"。

所以"五道"的"苦众生"，都要在观世音菩萨的"光"中显现出来，求观世音菩萨"救度"他们。

其他尊佛和菩萨的"光"中，就没有这种"五道众生"的形相现出来的，所以大家对于观世音菩萨，都称："大慈大悲、救苦救难、广大灵感、观世音菩萨"（"感"：是有"感应"的意思），就因为观世音菩萨专门"救度"众生一切"苦厄"的缘故。

②苦厄：凡夫的"苦"多得很，大家说惯的，是"三苦""八苦"两种。

"三苦"是"苦苦""坏苦""行苦"三种。

"苦苦"就是冷热、饥渴、病痛等种种苦,说也说不尽的,都是使人得不到乐处,只有苦处。

"坏苦"就是快乐的事情、作乐的境界,最容易过去,等到"乐"过去了,那就比"乐"没有来的时候,还要觉得苦,所以叫"坏苦"。

"行苦"就是这种虚妄的世界,不论什么事情,什么境界,时时刻刻不停地变迁,像一个人从少年变到壮年,从壮年变到老年,强壮的变成了衰弱的,像这样种种的变迁,也是使人觉到很苦的。

"八苦"是"生""老""病""死""求不得"(要什么东西不能够得到)、"爱别离"(要好的人,常常要离别)、"怨憎会"(不要好的人,常常要会着)、"五阴炽盛"("五阴"就是色、受、想、行、识的"五蕴"。"炽盛"两字,譬如这"五阴"的迷惑人,像干柴引火一样,就会烈烈烘烘烧起来了)八种苦。

照平常的小灾难说起来,就是"水难""火难""风难""刀难"(即"刀兵灾")、"鬼难"(即恶鬼、魔鬼来缠扰)、"枷锁难"(即吃官司、坐监狱、披枷带锁)和"怨贼难"(即碰到怨家盗贼)七种。

说得多些、大些,就有"小三灾""大三灾"。

众生所以有种种"苦",就因为有了这个"五蕴",把"真性"遮盖住了,就会颠颠倒倒,造出种种的"业"来了。造"业"就是受"苦厄"的"因",上面所说的种种"苦""厄",就是"报应",不过这种"报应"还是"华报"哩("华"读"花"音,解释就是"花"。"华报"就是现世的"报应"、是轻的"报应",像是开华一样,还没有到结"果"的地步。"果报"才是将来的"报应",是重的"报应",到结"果"的地步了)。

若是到了"果报"的时候,那就要落到"畜生""饿鬼""地狱"三恶道里去了。"五蕴"是一切"苦厄"的根本。以上说的种种"苦厄",是单就"人道"说的。

讲到"畜生道""饿鬼道""地狱道",那就有无穷无尽的苦,说也说不完哩。

并且，大家还只晓得我们世界上的人，有种种的苦，还不晓得"天"上的人，也有苦的时候哩。

"六欲天"上的人（天，有二十八层，离我们人的世界最近的六层"天"叫"六欲天"），像"忉利天"上的天王（就是佛经中所说的"帝释"，世俗所说的"玉皇大帝"），到了天上福报（福报：就是有"福"的"报应"）享尽了，就有"五衰相"现的苦哩。

〇五衰相：是天上的天王，也要死的，到快要死的时候，就要现出五种"衰败"的"相"来了。第一是头上的"华"干枯了；第二是衣服污秽了；第三是身体不洁净了；第四是在肩下边、臂弯底的两腋下出汗了；第五是向来坐的座位，坐上去觉得不舒服，不喜欢坐了。

到了"初禅天"（在"六欲天"上面的三层天），还有"大三灾"中的"大火灾"哩。到了"二禅天"（"初禅天"上面的三层天），还有"大三灾"中的"大水灾"哩。到了"三禅天"（"二禅天"上面的三层天），还有"大三灾"中的"大风灾"哩。修到"天"上去，这样的难，尚且还有种种的苦，何况生在我们这个世界上的"人"哩。

所以，要免掉一切的"苦厄"，一定先要去掉那"五蕴"，只有把"苦"的"根本"，拔除清楚了，就不会有苦了。

若是晓得了只有这个"清净心"是真实的，除了这个"清净心"，所有其他的一切，都是虚的、假的，都是"妄心"变现出来的，那么就没有一样不是"空"的了。

"五蕴"既然是从"妄心"中变现出来的，都是"空"的，那么从这个"五蕴"生出来的种种"苦厄"，自然也是从"妄心"中变现出来的了，也自然是"空"的了。

众生就因为"愚痴"，没有"智慧"，不能够"观照"到这"五蕴"是虚的、空的、不实在的，所以就生出这种种的"苦厄"来。

观自在菩萨，明白看透了这种道理，哀怜众生"愚痴"受苦，所以拿这"五蕴"都是"空"的道理，来教化众生，使得众生也都晓得一切都是"空"的道理，那么就可以没有"苦厄"了。

这就是度脱众生一切"苦厄"的最妙法门。上面几句，把这本《心经》全部的意思，都包括在其中了。

舍利子①，色不异空，空不异色，色即是空，空即是色②。

【解】"异"是"不同"的、"两样"的意思。"即"是"就是"的意思。照唐·法月法师等诸位大法师翻译的《心经》本子上看起来，前面的几句，都是编集这本《心经》的阿难，所记的观自在菩萨和释迦牟尼佛③、还有许多大菩萨、大比丘，都在王舍城外鹫峰山④上，法会中的情形。从这里起，一直到末了的"咒"，都是观自在菩萨说的。这一段经文和下面的"受、想、行、识，亦复如是"两句，都是说"五蕴"全是空的道理。

【释】①舍利子：在那个时候，舍利子问观自在菩萨道：若是有人要修"般若波罗蜜多"，应该怎样的修法？观自在菩萨就说出许多深妙的道理来。

"舍利子"就是《阿弥陀经》中的"舍利弗"。"舍利"是梵语，翻译成中文是"鹙鹭"两个字。"弗"字就是"子"。水中有一种鸟叫"鹙鹭"，这种鸟的眼珠又明亮，又清净，看起东西来，又尖又利。舍利子母亲的眼珠，和"鹙鹭"鸟一样，所以就取"舍利"两个字做名字，她所生的儿子就叫"舍利子"。

"舍利子"是释迦牟尼佛的弟子。在佛的许多弟子中,"舍利子"的智慧最是第一。因为他最有智慧,才能够有这种的"问",没有智慧的人,就不会"问"了。就是告诉了他,他也不会明白的。所以观自在菩萨在许多菩萨和比丘中,独叫了"舍利子"。

②色不异空,空不异色;色即是空,空即是色:观自在菩萨对"舍利子"说,你们不要误会,"色"是有"形相"可以看得到的,不是"空"的。要晓得凡是看得到的"相",都是"虚"的、"假"的,都是众生的"虚妄心"中变现出来的"虚妄相"。"色"的"相"、"空"的"相",一样都是"虚妄"的,一样都是"空"的,什么东西都没有的,还有什么"色"和"空"的分别呢?

既然"色"和"空"没有分别,那就是一样的了,没有什么两样的了,所以说"色不异空"。

既然"色"和"空"是一样的,没有什么两样的,那么反过来说,就是"空"和"色"也是一样的了,也没有什么两样的了,所以又说"空不异色"。

并且既然说"色"和"空",没有什么两样,那么"色"就是"空"了,所以说"色即是空"。

既然"色"和"空"没有两样的,那么反过来说,就是"空"和"色"也没有两样的了,所以说"空即是色"。

"色"和"空"、"空"和"色"既然都是一样的,都没有什么两样的,并且"色"可以说就是"空","空"也可说就是"色"。那就可见得这个"色",这个"空"都是"虚假"的,都是没有"体性"的了。

"色"和"空"既然都是没有"体性"的,一样是"空"的,那么自然可以说"色"就是"空","空"就是"色"了。

不过,"凡夫"执着在"有"的一边,不论什么境界,都算是真"有"的。所以只看见"色",不看见"空"了。"二乘"明白了"空"的道理,又偏在"空"的一边,所以只看见"空",不看见"色"了。

观自在菩萨讲的是"大乘法",圆通自在,没有一些滞碍的,所以说

"色"和"空"、"空"和"色"都可以圆通融合的。

我用海中的"水"和"波"来比喻，就明白了。"色"譬如"波"，"空"譬如"水"；"水"就是"波"，"波"就是"水"；离了"水"就没有"波"，离了"波"就没有"水"，所以叫做"即"。

"色"并不碍"空"，"空"并不碍"色"。并不是有了色就没有空；有了空就没有色。也并不是色的外有空，空的外有色。譬如水和波，波并不碍水，水并不碍波。并不是有了"波"就没有"水"，有了"水"就没有"波"；也不是"水"的外有波，"波"的外有"水"。"水"就是"波"，"波"就是"水"，名称虽然有两种，其实都是在海中现出来的。譬如"色"和"空"，一样都是"虚妄心"中现出来的。

所以观自在菩萨说了"色不异空、空不异色"，还怕没有智慧的"凡夫"和智慧浅薄的"小乘"不明白，所以又切切实实接连地说："色即是空，空即是色"。

还有一层很要紧的，大家不可以不明白的。所说的"空"是"真空"，是妙性的"空"，不是断灭的"空"。断灭的"空"是认为任何"法"都是"空"的。人死了就没有了，那怕你造了"恶业"，没有什么去受报应的，尽管放大了胆去造"恶业"，也不要紧的，这就大错特错了。

"小乘"的说"空"，是要把这个"色"灭掉了才是"空"，"空"灭掉了才有"色"。又有疑惑"色"的外有"空"，"空"的外有"色"。这都是"着相"的见解，看做"色是色，空是空"了；是"色异空，空异色"了；不是"色不异空，空不异色"了；也不是"色即是空，空即是色"了。

现在所说的，是"色""空"不二的道理，所以照"三谛"的道理讲起来："空"是"真谛"，"色"是"俗谛"，"色空不二"（"不二"就是没有两样的意思），是"中谛"。

"真谛"可以破凡夫执着"色"的见解。

"俗谛"可以破二乘执着"空"的见解。

"色"、"空"两种执着的见解都破了，就是"中道"第一义谛了！

若是照"三观"法说起来，"色不异空"就是"空观"，"空不异色"就是"假观"，"色即是空，空即是色"就是"中观"。

这四句经文是总说"色"和"空"一样的道理。

③释迦牟尼佛：是我们这个世界上的教主，就是各处寺庙内大殿上中间的一尊大佛。在《阿弥陀经白话解释》的"佛说阿弥陀经"一句下面，有详细解释的。

④"王舍城"在印度国。"鹫峰山"就是"灵山"，因为这个山的峰头像鹫鸟，所以叫"鹫峰山"，也叫"灵鹫山"。

受、想、行、识，亦复如是。

【解】"亦复"两个字，都是"也"的意思。（"复"字，要注去声，读"负"字音，和"亦"字差不多的意思。）

"如"字是"像"的意思。

"是"字是"这个"的意思。

就是说"受""想""行""识"四蕴，也都像上面所说的"色不异空……"等四句一样的："受、想、行，识"和"空"是没有什么两样的，"空"和"受、想、行、识"也没有什么两样的，"受、想、行、识"就是"空"，"空"就是"受、想、行、识"，和以上所讲的"色"是一样的道理。这是因为"受、想、行、识"也都是虚假、不真实的，所以也就和"空"一样了。

【释】在"五蕴"中，"色"是一个主脑。有了这个"色"，才会生出

"受""想""行""识"四种蕴来的。所以,观自在菩萨说这个"色",说得详细些,说到"受、想、行、识",就说得简单了。

若是要说明白,那就"受""想""行""识"四种,每种都应该要说四句,如"受不异空,空不异受;受即是空,空即是受"……若每种要说四句,四种就有十六句。因为太烦了,所以就用"亦复如是"四个字来包括的。

分开来讲,有"色""受""想""行""识"五种假名目,合拢来讲,都是这个"妄念",都是从"妄念"上变现出来的,所以都是虚假。既然都是虚假的,那么都是"空"的了。所以"色"是"空"的,"受、想、行、识"也自然没有一样不是"空"的了。

凡是一个人,所以有这五种的"妄念",他的病根,就在这一个"我"字上。有了这个"我"字,就生出种种"妄念"来。有了"我",就有"他"(这个"他",不是单单指"人"的,包括得很多、很大的。所有"我"以外的,不论什么东西,不论什么境界,凡是看得到的东西,叫得出名目的,都可以叫做"他")。这个"我",这个"他",都是"色",所以就有"色蕴"了。有了"我",就要领受各种的境界,所以就有"受蕴"了。有了"我",就要转种种的乱念头,所以就有"想蕴"了。有了"我",乱念头就转得没有停歇的时候,所以就有"行蕴"了。有了"我",就要生出种种的分别心来,所以就有"识蕴"了。实在这个"我"在什么地方呢?

一个人有这个"我"的见解,是因为有了这个身体的"假形相",就认定了有一个"我"。要晓得,一个人是"五蕴"假合而成的,不要说没有了这"五蕴",不会成人,就是"五蕴"中缺少了"一蕴",也就不会成人的。有人问:怎么"五蕴"缺少了"一蕴"就不会成人呢?这个道理,怎样讲法呢?

要晓得一个凡夫,要没有"受蕴",才能够不领受各种境界,请问凡夫能够不领受各种境界吗?若是凡夫做不到不领受各种境界的,那么凡夫就不会没有"受蕴"了。

那么凡夫也不能够不转种种的"乱念头"的,所以也不会没有"想蕴"。

凡夫不能够一个"乱念头"过去了，就不再生出别个"乱念头"来的，所以也不会没有"行蕴"。

凡夫不能够不生出种种的分别心来的，所以也不会没有"识蕴"。

因为这五种"蕴"，既然做了一个凡夫，就不会没有，并且也不会缺少"一蕴"的，所以说没有"五蕴"，或是缺少了"一蕴"，就不会成人。除非是一个"呆人"，或是一个"疯人"，那倒"五蕴"可以不完全的。

越是俗人认做聪明的人，越是"五蕴"格外沾染得深切。照这样说起来，既然一个人是由"五蕴"合成的，那么一定是"五蕴"都完全的了，"一蕴"都不缺少的了。既然"五蕴"都完全不缺少的，那么，人就是"五蕴"合拢来形成的了，请问这个"我"究竟在哪里呢？

请你在"五蕴"中间，细细地寻寻看，在"色蕴"中间吗？"五蕴"少了"一蕴"，只有"四蕴"尚且不会成人，单是一种"色蕴"，哪里就会成人？既然"人"尚且不能够成，哪里还会有什么"我"呢？

单是一种"色蕴"，既然就不会有"我"，那么单是一种"受蕴"，或者单是一种"想蕴"，单是一种"行蕴"，单是一种"识蕴"，也自然一定不会成人，一定不会有"我"的了。

"五蕴"分开了，既然不会成人，不会有"我"，怎么"五蕴"合拢来了就会生出这个"我"来呢？这是一定不会有这种道理的。

既然"五蕴"中都没有这个"我"，可见得这个"我"是"空"的了。虽然有这么一个"我"的形相，究竟还是虚假的、不是真实的了。能够明白了这个"我"是"空"的，就可以明白这"五蕴"，也都是"空"的了。晓得了这"五蕴"都是"空"的，那么应该要求"真实的"了。"真实的"是什么呢？就是这个本来有的"清净真实心"。能够晓得那些都是空、假的东西，空、假的境界，把它去掉得清清净净，那么这个本来有的"真实心"，就明明朗朗地发现出来了，本来有的晶莹、雪亮的智慧光，也就照耀出来了。那么就有了"真实的我"——即本来有的，永远不会改变的"真实性"，就可以成佛道了。

所以观自在菩萨说的这几句，实在是一本《心经》精妙的道理，都收在这几句中间。实在佛说的大部《般若经》的种种精妙的道理，也都收在这几句中间了。

舍利子，是诸法^①空相^②，不生不灭^③、不垢不净^④、不增不减^⑤。

【解】观自在菩萨又叫"舍利子"道：这个许多的"法"（是指以上所说的"五蕴"），都是"空"的"相"。既然都是"空"的，还有什么能够"生"出来？还有什么能够"灭"掉呢？所以说"不生不灭"。

既然没有"生"、没有"灭"，都是"空"的，那么还有什么叫做"垢秽"？有什么叫做"洁净"？有什么可以"加增"？有什么可以"减少"呢？所以说"不垢不净、不增不减"。

"垢"字是污秽不洁的意思。

"增"字是加添的意思。

【释】①诸法：所说的一切法，就是指以上的"五蕴"，也包括以下将要讲到的"十二入""十八界""十二因缘"和"四谛"等在内。

②空相："空"字就是"真空"。"相"字就是"实相"。"真空"就是众生的"真实性"，"实相"就是众生的"真实性"现出来的"真实相"，实在也就是"真实性"。"真实性"和"真实相"是"一"不是"二"的。所以"真空"就是"实相"，"实相"就是"真空"。

　　"五蕴"是各种"虚妄法"的根本,各种"法"都是从"五蕴"变现出来的。既然晓得了"五蕴"是"空"的,那么一切的"法",没有一"法"不是"空"的了。所以说"诸法空相"。

　　"生相""灭相""垢相""净相""增相""减相",六种"相"都是从"虚妄心"中现出来的"虚妄相",实在都是没有的,所以叫"诸法空相"。

　　众生迷惑,不明白"空"的道理,一味执着在"有"的一边,所以就觉得"法法"都"有","法法"都"不空"。从"内"的一面看,执定了我们的身体、皮肉、骨血,一定是"有"的;从"外"的一面看,执定了田房、金银、妻子,一定是"有"的。所以用尽方法,软骗硬夺,只顾自己便宜,不顾旁人受害,等到将来一口气不来的时候,哪怕你所积的财产,像须弥山那么得多,能够带得一丝一毫去么?何苦要造下这样的恶业,自己去受苦报呢?真不懂这些愚蠢到极顶的人为些什么,真是可怜!

　　观自在菩萨要点醒迷惑的众生,所以大声高叫道:所有一切的"法",都是"空"的、"虚假"的。不要认错了,永远在生死中流转,没有出头的日期!

　　观自在菩萨不但是明白这个"空"的道理,还明白这个"空"是"真空",不像"二乘"的落在"偏空"中所以能够处处自在,所以能够成"观自在菩萨"。

　　○偏空:是认定这个"空"是"真"的"空",这是偏在"一边"的见解,所以叫"偏空"。

　　③不生不灭:一切的"法",既然都是"空"的,那么一切"空"的"法"所现出来的"相",也自然都是"空"的,都是"虚妄"的了。所以《金刚经》上说:"凡所有相,皆是虚妄。"既然是"虚妄"的,那就可以时时刻刻变动,没有一定的"相"了。怎么样的"虚妄心",就现出怎么样的"虚妄相"来。譬如河里的水,我们人看起来是"水";鱼虾看起来,就像我们所住的房屋一样了;饿鬼看起来,就是"火",就是污血了;天上的人看起来就是琉璃了(琉

璃是一种青色的宝）。可见得"相"是没有一定的。这所以没有一定，就因为是"虚妄相"不是"真实相"的缘故。"真实"的"相"，就永远不会变了。

这个"色"，也是从"虚妄心"中现出来的"虚妄相"。所以众生的"虚妄心"看出来是"色"；佛菩萨的"真实心"，不会现出"虚妄相"来，所以看出来就是"空"了。

能够明白了"五蕴"都是"空"的道理，心中就清清净净，"智慧光"就发露出来了。一切虚妄的"法"，就譬如太阳上面遮盖的迷雾，被太阳一晒，就都消灭了。（看这一句，要分别清楚，一切的"虚妄法"是本来没有的，并不是灭了它才没有的。譬如太阳上本来没有迷雾一样的道理，说太阳光出来了就都消灭，是说"智慧光"去消灭"虚妄心"。不可以认错，当是消灭一切的"法"。"虚妄"的，可以消灭，"真实"的，是灭不掉的。"五蕴"是"虚妄"的，本来没有的，并不是消灭了才没有的。）

既然是"虚妄"的"相"，就有"生"有"灭"。譬如没有明白"五蕴"是"空"的时候，那么对于"色蕴"，就生贪恋的心；对于"受蕴"就生领受的心；对于"想蕴"，就生胡思乱想的心；对于"行蕴"，就生迁流不歇的心；对于"识蕴"就生分别好坏爱恨的心。种种的妄心，就都会生出来了。

既然明白了"五蕴"都是"空"的，那么"虚妄心"就不起来了，完全是"真空、实相"了。

"灭"是对于"生"说的，有了"生"才有"灭"。"真空、实相"本来没有生的，哪里会有什么"灭"呢？所以说："不生不灭"。

④不垢不净：心思迷惑不清净叫做"垢"。既然明白了"五蕴"都是"空"的，那么，"真性"就不会被这"五蕴"迷惑了。"真性"既然不迷惑，就是清清净净的，又有什么"垢污"呢？"净"是对于"垢"说的，有了"垢"，才有"净"。"真性"本来没有"垢"的，哪里又有什么叫做"净"呢？

《六祖坛经》中，六祖惠能大师（是专门用功"禅宗"的）做了一首"偈"说道：

"菩提本无树,明镜亦非台;本来无一物,何处惹尘埃。"

("惹"字就是"沾染",染污的意思。"尘埃"就是"垢秽"。)

照这几句的文字讲,是说"菩提树"和"镜台"都是从"妄心"中现出来的"妄相",其实"树"和"台"都是没有的,都是空的。所以,下面两句说:本来一样东西也没有,哪里会沾染着"尘埃"呢?

五祖看见了这个偈,非常欢喜,说六祖能够见到了"真性",六祖所说的"明镜",譬如人的"本性";"尘埃",譬如人心中的垢秽(即"五蕴")。照这句偈的道理讲起来,就是说"明镜"本来是清清净净没有一些"尘埃"的。譬如一个人的"本性",原来是清明洁净得很的,就因为被"五蕴"迷惑了,才变成垢秽的。能够把"五蕴"看空了,"本性"就自然发现出来了;"本性"发现出来了,还是清清净净的,没有一些些垢秽的。既然没有什么叫"垢",自然也没有什么叫"净"了。所以说"不垢不净"。

⑤不增不减:佛经上说:"众生皆有佛性",就是说"众生"和"佛"本来有的"真如性"是一样的,没有高下分别的。佛有三身(法身、报身、应身)、三智(一切智、道种智、一切种智)、三德(法身德、般若德、解脱德),众生的"本性"中,也有"三身、三智、三德"的。"佛"与"众生"比,并不加多一些,"众生"与"佛"比,也并不减少一些。不过,"众生"被"五蕴"迷惑住了,发露不出来了,所以就"佛是佛","众生是众生"了。

要晓得不论什么东西,凡是可以"增减"的,都是"虚妄法"。现在既然明白了"五蕴"都是"空"的,只有这个"真性"是实在的。那么"真性"是永远不会改变的,哪里会"增减"呢?所以说"不增不减"。

是故空中无色,无受、想、行、识①。

【解】"是故":是这个缘故,就是"所以"的意思。

"无"字,是本来没有的意思。

因为一切的"法"都是"空"的，那么"空"中，本来没有"色"的了，也没有"受、想、行、识"的了。

这两句，是结束上面所说："五蕴"都是"空"的种种道理。

【释】①是故空中无色，无受想行识：以上所说一切的"法"，都是"真空实相"，没有"生灭""垢净""增减"的，完全是"空"的。既然是"空"的，那就是一片清光，没有一些些"尘障"的了。那么，什么东西都没有了，怎么会有什么"色"在"空"中呢？所以说"空中无色"。

○尘：是不清净的，因为不清净，就生出种种的障碍来了，所以叫"尘障"

"空"中既然不会有"色"，又哪里会有"受""想""行""识"呢？

一个人的"真性"，被"无明"遮盖住了，才会生出"五蕴"和种种的"法"来。现在既然明白了这种"法"，都是"妄心"变现出来的，本来的"真性"，完全是空空洞洞的，那么不独"色"是没有的，就是"受""想""行""识"的一切"法"，也本来都是没有的了。

还有一层要晓得的：这"受""想""行"三种，还都是从"识"中生出来的。虽然都叫"心法"，但"受""想""行"是"心所法"，"识"是"心王法"。所以"受""想""行"，还都要受"识"的命令的。"识"要受，就受了；"识"要想，就"想"了；"识"要行，就"行"了。没有这个"识"，就不会有"受""想""行"三种。所以"识"称"心王"。

○心所法：是依了"心"的势力，分别生起来的，所以叫"心所有法"，简单说，就叫"心所"。

○心王：是八种"识"，第一是"眼识"，第二是"耳识"，第三是"鼻识"，第四是"舌识"，第五是"身识"，第六是"意识"，这六种"识"的总名叫"境识"。第七是"我执识"，第八是"藏识"，又叫"种子识"，又叫"执持识"。

○"心所法"很多的，单是第六"意识"，就有五十一个"心所法"。以上所讲的八种"识"，因为是一切"心所法"的主脑，就是"心"的"王"，所以叫"心王"。

但是"识"虽然称"心王"，究竟和"受""想""行"，还都是从"虚妄心"中变现出来的"虚妄相"。"虚妄相"是"虚妄"的，不是真实的，所以从"虚妄心"中能够变现出来。若是"真空性"（不虚假叫"真"，没有"虚妄相"叫"空"。），就不会变现出"虚妄相"来了。所以"真空性"中，当然没有"色""受""想""行""识"等各种"虚妄相"了。

这"是故空中无色，无受、想、行、识"两句，是为被"心"迷惑得多，被"色"迷惑得少的"凡夫"说的。所以说到"色法"，只有"色"的一种；说到"心法"，就有"受""想""行""识"了。

从这"空中无色"一句起，一直要包括到以下"无智亦无得"一句，都是说"空相"中本来没有各种"法"的话。

这两句是说"空"中没有"五蕴"。

无眼、耳、鼻、舌、身、意，无色、声、香、味、触、法。①

【解】"眼""耳""鼻""舌""身""意"的"六根"，"色""声""香""味""触""法"的"六尘"，合并起来，叫"十二入"，也叫"十二处"。

这"无眼、耳、鼻、舌、身、意，无色、声、香、味、触、法"，是说"真空"中也没有"眼、耳、鼻、舌、身、意"，也没有"色、声、香、味、触、法"，完全是"空"的。这一段，是说"十二入"也都是"空"的。

【释】①无眼耳鼻舌身意，无色声香味触法："十二入"的"入"字，有吸收的意思。如："眼"对于"色"，这个"色相"就吸收到"眼"中去了。"耳"对于"声"，这个"声相"，又吸收到"耳"中去了。（依佛法所讲，不独是看到的"色"，可以称"相"，就是看不到的"声""香""味""触"，也都可以称"相"的。）"六根"都会吸收"六尘"的，所以叫做"入"。

"色、声、香、味、触、法"的"色"，和"色、受、想、行、识"的"色"，稍稍有些不同的。这个"六尘"中的"色"，是有形相的，凡是"眼"所能够看见的，都叫做"色"。"声"是"声音"，"香"是"香气"，"味"是"滋味"，"触"是触着身体的意思。凡是身体上所感觉到的，像冷、暖、痛、痒等，都叫"触"。

"法"字，凡是境界的顺、逆、苦、乐，东西的好、坏，都可以叫做"法"。

"六尘"中的"色""声""香""味""触""法"分开来说，是六种"尘"，但是"声""香""味""触""法"五种"尘"，都可以包含在"色"尘中的，所以"六尘"就都可以叫做"外色"。

讲到"五蕴"中的"色"，有"外色"又有"内色"。"外色"就是"六尘"，"内色"就是我们人所有的"眼""耳""鼻""舌""身"的"五根"。

这个身体的"五根"，又可以分为二种，一种叫"浮尘五根"，也可以叫"扶尘根"，就是父母所生的"眼""耳""鼻""舌""身"五种肉体的形相，是没有知觉的，也不能够看、不能够听的。一种叫"胜义五根"（胜义：这两个字，是胜过世俗上所说种种义理的意思），虽然也是"眼""耳""鼻""舌""身"五种根，但是这五种根，是"眼""耳""鼻""舌""身"的实体，是没有父母所生的肉体形相的（凡是有形相的，一切都是"虚妄相"，没有形相的，反而是实在的），并且不是凡夫的"肉眼"看得到的，要"天眼"才能够看到呢！这种"胜义五根"都依附在"浮尘五根"之中，都是能够有"作用"的（作用：是有能力的，有用处的意思）。一个人"眼"能够看，"耳"能够听，"鼻"能够嗅，"舌"能够尝，"身"能够触，都是靠托"胜义五根"的，所以称做"胜义"。

○浮尘五根："浮"字是"浮面"的，不是"实在"的意思。"尘"字，是"遮盖""阻碍"的意思。"真性"被"烦恼、妄想"所迷惑，譬如一件清净的东西，被"尘垢"染污了一样，所以叫"尘"。

○扶尘根："扶"字，是"扶助"的意思。"浮尘"五根，对于凡是"眼"看得到的东西，都是"扶助"正根"五尘"的，所以叫"扶尘根"。"正根"就是下面的"胜义根"。

"六尘"的"色"，和"五蕴"的"色"，所以说有些两样，就是这个缘故。

要晓得一个人的"自性"，原来是清清净净，不沾着一些东西的。不但是"五蕴"都是"空"的，就是"眼""耳""鼻""舌""身""意"，"色""声""香""味""触""法"，也都是没有的，都是"空"的。

因为有了"五蕴"，才成了这么一个身体的形相；有了这个身体的形相，才有什么叫做"眼""耳""鼻""舌""身""意"。有了这个"眼""耳""鼻""舌""身""意"六种的"妄相"，才会"眼"看见"色"，"耳"听到"声"，"鼻"闻到"香"，"舌"尝着"味"，"身"觉着"触"，"意"生出种种"法"来。"眼"看见了"色"，就起一种"色"的"相"来了，"耳"听到了"声"，就起一种"声"的"相"来了；这在佛法中，就叫做"相分"（"相分"的"分"，和"见分"的"分"，都要注"去声"，读"份"字音，也就是一份一份的意思。相分，是妄心起来的时候，在妄心中现出的种种境，下面"无眼界，乃至无意识界"经文，有详细解释）。

现在既然明白了一切都是"空"的，"五蕴"也是"虚妄"的、空的，那么，这"眼""耳""鼻""舌""身""意"，"色""声""香""味""触""法"的来根，本来是"空"的，还从什么中变现出这"十二入"来呢？（因为这"十二入"是有了"五蕴"才有的，是从"五蕴"变现出来的，所以"五蕴"可以叫做"十二入"的来根。）

所以说：空中不但是没有"色"，没有"受""想""行""识"，也没有

"眼""耳""鼻""舌""身""意"，也没有"色""声""香""味""触"和
"法"。

　　这"无眼、耳、鼻、舌、身、意，无色、声、香、味、触、法"两句，是为了
被"色"迷惑得多，被"心"迷惑得"少"的"凡夫"说的。能够明白了这"六
尘"都是"空"的道理。就是断了"见惑"（见惑：是不正确的见解，最容易
迷惑人的，所以称做"惑"，总共有十种。）了，就是明白了"我空"（我空：
是说这个"我"，完全是"空"的，"没有"的。）的道理了。就可以证得（证
得：是已经得到的意思）"声闻"的初果"须陀洹"，也就是证得"圆教"的
"初信位"了。这两句，是说在"空"中没有"六根""六尘"，也就是没有
"十二入"。

　　无眼界，乃至无意识界①。

　　【解】"眼"，就是上面"六根"中的"眼"。在佛法中，不论什么
"法"，都可以称"界"的。这"六根""六尘""六识"，既然都可以称
做"法"，就都可以称做"界"。

　　"乃至"两字，是"一直到"的意思。就是说从"眼界"起，一直
到"意识界"，中间所有的"耳界""鼻界""舌界""身界""意界"的
"六根"。"色界""声界""香界""味界""触界""法界"的"六尘"，
"眼识界""耳识界""鼻识界""舌识界""身识界""意识界"的"六
识"，完全都包括在其中了。

　　这"六根""六尘"和"六识"，合并拢来，就叫"十八界"。

　　因为要说得简便些，所以就用"乃至"两个字，来包括"十八
界"，省得一样一样都说出来了。

　　"识"，是"识神"，就是我们现在所说的"心"。因为"六根"
对了"六尘"，就生出种种的分别心来，这个"分别"的"心"，就叫

"识"。

【释】①无眼界，乃至无意识界：这一段，是说不但是以上所说的"十二入"，在"空"中本来是没有的，就是这个"十八界"，也本来都是没有的，都是空的。

以上所说的"六根"对于"六尘"，不过是"眼"看见有"色"，"耳"听到有"声"，"鼻"闻到有"香"臭，"舌"尝着有"味"道，"身"觉得有"触"，"意"觉得有"法"罢了。

现在有了这个"识"，就有了"分别心"了。譬如"眼"看见了一种"色"，就要分别好看的、不好看的。"耳"听到了一种"声"，就要分别好听的、不好听的。"鼻"闻到了一种气味，就要分别"香"的、臭的。"舌"尝着了一种"味"道，就要分别苦的、甜的。"身"觉得有了"触"，就要分别痛的、痒的。这都叫做"见分"。

见分：一个人本来有的真实性，清净、自然、安定不动，其中没有一些些虚妄的心念，外边没有一些些虚妄的境界，它和"佛性"本来没有什么两样的。但是我们"凡夫"在不知不觉之中忽然动起妄念来了，像澄清的水，忽然起了一些些波纹，就把这个内部的"心念"，同外边的"境界"分成了两份。这内部的"心念"，叫做"见分"，也可以叫"见分心"；外边的境界叫做"相分"，也可以叫"相分境"。

"见分"的"心念"，能够完全知道外"六尘境界"的形相，像以上所说的："眼"看见了一种"色"，就要去分别它"好看""不好看"了；"耳"听到了一种"声"，就要去分别它"好听"，"不好听"了，所以叫"见分心"。

"相分境"是所有的种种境界，无论好的、坏的，完全被"见分心"去"分别"的，所以叫"相分境"，实在就是"六尘"境界的"相"。

总之，"六根"之中，各有"见分心"的；"六尘"之中，各有"相分境"的。

"见分"和"相分"的道理，是很深的，我也不会详细解释。以上不过大略说说，看了能够明白，自然最好，看了不明白，只好请法师详细讲解了。

虽然六种都叫"识"，实在还是不同的。"眼""耳""鼻""舌""身"五"识"，是专门在外边接触各种境界的。独有这个"意识"，是躲在里面出主意的，生出种种"分别"的见解来，就是这个"意识"。

一个人本来的"真性"，原来同佛一样的。"本性"中，凡是佛所有的好处，凡夫也完全都可以有的。就因为这个"本性"被"妄心"所迷惑住了，"本性"中原有的种种好处，都显不出来了，就只有这个"妄心"在那里乱来了。所以佛是佛，凡夫是凡夫了。佛有三种"智"，凡夫若是能够明白了真实的道理，显出他的"真实性"来，那么这种"识"，就可以转成"智"了（"转识成智"），就是佛、菩萨了。"凡夫"就因为迷惑深了，所以本来有的"智"，倒反转成种种"识"了，就永远做一个"凡夫"了。

这六种"识"，都是依了各种境界转变的，所以都叫"转识"。这个"识"，本来是没有的，本来是"空"的。譬如：有一朵五色的华，用"眼识"去分别它，才晓得这一朵华，是青色的，或是黄色的，或是赤色、白色、黑色的。若说，这分别青、黄、赤、白、黑各种"色"的"识"，是"眼"中生出来的，那么为什么没有这朵华的时候，这分别青、黄、赤、白、黑的"识"，"眼"中就不生出来呢？这就见得这个"识"不是从"眼"中生出来的了。若是说"识"是"色"中生出来的，那么没有"色"的时候，"识"也就应该没有了，怎么又会分别它是没有"色"呢？那又见得"识"也不是从"色"中生出来的了。"识"既然不是从"根"（就是"眼"）中生出来的，也不是从"尘"（就是"色"）中生出来的，那么这个"识"，实在是"空"的，"假"的了。"识"既然本来是"空"的、"假"的，那就实在是没有的了。"识"既然是实在没有的，那么完全只有这个"妙真如性"是"实在"的了（"真如性"：就是"真实性"，没有一切"相"的，所以称"妙"）。"妙真如性"，是"尽虚空，遍法界"没有

"界限"的,不比"凡夫"的"妄识",像"凡夫"的心量一样是很小的,有限制的,所以叫做"界"。

这"无眼界,乃至无意识界"两句,是为了那些完全被"心"和"色"迷惑的"凡夫"说的。明白了这种道理,就可以破"法我执"了。"人我执"和"法我执"都破了,就可以证得"阿罗汉"果,在"圆教"就是第二"信位"以上的菩萨了。

〇信位:第一信,不过能够断"见惑",从第二信起,才能够渐渐地断"思惑"(思惑:是"贪心""瞋心",众生常常被"贪心""瞋心"所迷惑,所以叫"思惑"),直要到第七信,方才能够断尽"思惑"。

无无明,亦无无明尽。乃至无老死,亦无老死尽①。

【解】这是"缘觉"所修的十二种"因缘"。("因"是"种子"的意思。"缘"是帮助成功的意思,又有"从他生出来"的意思。)

"十二因缘"就是"无明""行""识""名色""六入""触""受""爱""取""有""生""老死"十二种。

"无明"是不明白真实道理的意思。

"尽"是完了的意思。

在"真空"中,一些东西没有的,哪里来的"无明";既然"无明"本来也没有的,哪里还有什么完尽不完尽呢?

"老"和"死",是这种虚假的躯壳老了、死了;虚假的躯壳是"妄心"变现出来的"虚假相",在"真空"中,哪里会有"虚假相"呢?躯壳的"虚假相"尚且没有,还有什么"老""死"?也更加没有什么"老""死"尽了。

若详细说起来，总共要有十二句，中间还应该有"无行""亦无行尽""无识""亦无识尽"，等十句哩！现在说得简单些，所以用"乃至"两个字来包括中间的十句了。

这一段是说"十二因缘"也都是"空"的。

【释】①"无无明，亦无无明尽，乃至无老死，亦无老死尽。"一个人本来有的"真性"，是灵妙、清明得很的，像佛一样的。就因为"一念"妄动（"一念妄动"：就是一个一个的乱念头乱动的意思），迷惑了这个"本性"，把原来很灵明的智慧遮盖住了。

譬如一面很明亮的镜子，积满了灰尘，它本来有的明亮哪里还显得出来呢？所以叫做"无明"。

"行"，是从前所造的种种善业、恶业。因为起了"无明"，就造出种种的"业"来，这就是从"无明"生出来，所以叫"无明"缘"行"。

"识"，是跟随了"业"所现出来的境界，觉得和"他"有"缘"的地方，就去"投胎"了，这就是从"行"生出"识"来，所以叫"行"缘"识"。

"名色"是投了胎后，就有这个胞胎的形相。"识"本来是一个"名"目，"胞胎"的形相叫"色"，合拢来叫"名色"，这就是从"识"生出"名色"来，所以叫"识"缘"名色"。

"六入"就是"眼""耳""鼻""舌""身""意"的"六根"。（"六根"和"六尘"合拼拢来，叫"十二入"；所以六根就可以叫六入。）有了"名色"，"六根"就渐渐地全了，这就是从"名色"生"六入"来，所以"名色"缘"六入"。

"触"，是初出胞胎的小孩，只晓得"六根"触着"六尘"，还没有"分别"的心，这就是"六入"生出"触"来，所以叫"六入"缘"触"。

"受"，是小孩到了五、六岁后，因为"六根"触着了"六尘"，就领受这种种境界了，这就是从"触"生出"受"来，所以叫"触"缘"受"。

"爱"，是小孩从十四、五岁后，既经领受了种种的境界，就会生出"爱"的心，或是生出"贪"的心，这就是从"受"生出"爱"来，所以叫"受"缘"爱"。

"取"，是到了二十岁后，看见了"爱"的东西，或是"爱"的境界，就要想法去"取"了，就是从"爱"生出"取"来，所以叫"爱"缘"取"。

"有"，就是"业"，因为有了"取"的贪心，就要想出种种方法：偷呀、抢呀、骗呀，造出种种"业"来，就造成落在"三界"之中的"因"了，就是从"取"生出"有"来，所以叫"取"缘"有"。

"生"，是有了种种善业、恶业的"因"，就会结成"生"在我们这个世界上的"果"来了，就是从"有"生出"生"来，所以叫"有"缘"生"。

"老死"，有了"生"，就有"老"、有"死"，就是从"生"生出"老死"来了，所以叫"生"缘"老死"。

由于这个"无明"一起，就牵连生出这十二种"因缘"法来，就有"生生死死"，受无穷无尽的苦，永远不得出头了。这十二种中的"无明"，也叫"烦恼道"，就是"惑"。

从"无明"的惑，就造出"行"的业来，所以这两种是过去的"业因"。有了这两种过去的"业因"，就会结"识""名色""六入""触""受"五种现在世的"苦果"。

现在世既然做了人，又会生出"爱""取""有"三种业来，这三种业，是现在世的"业因"。有了这三种"业因"，就会结将来"生""老死"的"苦果"。

有了"惑"，就造种种"业"；造了"业"，就结种种"果"，循环流转（所以"十二因缘"，也叫"十二循环"），就永远在"生死"之中了。这是从"无明"，顺次推究下去，一直到"老死"，叫做"生灭门"。

若是能够倒转来，细细地"观照"，就可以晓得这十二种"因缘"，完全是"空"的。

一个人怎么会有"老死"呢? 因为有了"生"的缘故。

怎么会有"生"呢? 因为有了"业"的缘故。

怎么会有"业"呢? 因为有了"贪心"的缘故。

怎么会有"贪心"呢? 因为有了"欢喜心"的缘故。

怎么会有"欢喜心"呢? 因为晓得了"分别"好坏的心的缘故。

怎么会有这个分别好坏的心呢? 因为懂得了领受"六尘"的缘故。

怎么会懂得领受"六尘"呢? 因为"六根"已经完全了的缘故。

"六根"怎么会有的呢? 因为"投了胎"的缘故。

怎么会"投胎"的呢? 因为有了这个"业识"的缘故。

怎么会有这个"业识"呢? 因为种种的烦恼没有停歇的缘故。

怎么会有"烦恼"呢? 因为有了这个"烦恼"根本的"无明"的缘故。

照这样一层一层地推究起来,十二种"因缘",都是从这个"无明"生出来的了。

自己推想推想看,搜寻搜寻看,这个"无明"究竟在什么地方? 各处都寻不到,可见得这个"无明",实在是没有"实体"的,实在是"空"的。

所以"烦恼"的根本"无明"灭了,"行"也就灭了;"行"灭了,"识"也就灭了;"识"灭了,"名色"也就灭了;"名色"灭了,"六入"也就灭了;"六入"灭了,"触"也就灭了;"触"灭了,"受"也就灭了;"受"灭了,"爱"也就灭了;"爱"灭了,"取"也就灭了;"取"灭了,"有"也就灭了;"有"灭了,"生"也就灭了;"生"灭了,"老死"也就灭了。

"无明",是"十二因缘"的根本,所以修"十二因缘",实在只要修"灭除无明";"无明"灭了,"十二因缘"的根本,就灭了;"根本"既然灭了,还有什么会生出来呢? 那"十二因缘"本来就没有了,还有什么东西可以灭呢? 这叫做"还灭门"。

从前,唐朝有一个大官,叫鱼朝恩,问南阳国师道:"什么叫做'无明'?

'无明'怎么样起的？"国师道："你这个衰相已经现出来的奴才（'衰相'是身体衰败了，没有用了的意思），也来问佛法吗？"那鱼朝恩是做大官的人，向来受旁人奉承惯的，听了这句话，就大发起"无明火"来了。国师道："这就叫'无明'，这'无明'就是从这样起的。"那鱼朝恩听了这两句话，就豁然醒悟了，"无明"就立刻没有了。

这样看起来，"无明"不真是"空"的么？若是不"空"的，哪里会生得这样快？也灭得这样快呢？

十二种"因缘"都是从"无明"起的。"无明"是各种"因缘"的"根"，"根"既然是"空"的，从"根"上生出来的"因缘"，还有哪一样不"空"的呢？可以不必说就晓得的了。但是"凡夫"迷惑得很，所以有"无明"等十二种"因缘"。

"缘觉"明白了"十二因缘"的道理，晓得十二种"因缘"都是从"无明"生出来的，所以就从这十二种"因缘"上用功，把十二种"因缘"一起灭除，就成了"缘觉"。

但是，"缘觉"没有明白"真空"之理，不晓得"十二因缘"本来是没有的，又有什么可以"灭"呢？

观自在菩萨看见"缘觉"执着了"十二因缘"法，认为的确是有的，不晓得是"空"的，所以说这句话，使得"缘觉"明白这"十二因缘"法，本来是"空"的，可以破"缘觉"的"法我执"。

无苦集灭道①。

【解】"苦""集""灭""道"，是"声闻"修的"四谛"（"谛"字是见到真实道理的意思）。"声闻"明白了"苦""集""灭""道"四谛的道理，就专心在这"四谛"上用功。但是"声闻"只晓得修这"四谛"法，不晓得这"四谛"法也是"空"的，本来也是没有的。

这一段是说"四谛"也都是"空"的。

【释】①"无苦集灭道"："苦"，就是上面所讲过的"三苦""八苦"等种种的苦。

"集"，是聚集的意思，就是聚集种种的烦恼，造成种种的"业"。

"灭"，是灭除种种的"苦"。

"道"，是修真实的道理。

"集"是"苦"的因，"苦"是"集"的果。因为有了种种烦恼恶业的"因"，才会结成种种苦的"果"。这是现在的"因果"。

"灭"是"乐"的果，"道"是"乐"的因。因为有修道的"因"，才会结成灭"苦"的"果"。这是将来的"因果"。

种种的苦，总不出"三界生死"。"声闻"见到了"生死"实在是"苦"，所以就修"苦谛"。（就因为有"生死"，所以有"苦"；能够了脱"生死"，那就"三苦""八苦"都可以没有了。修"苦谛"就是修"了脱生死"。）

"无明"没有破的"凡夫"，一定有种种的烦恼，因为有种种的烦恼，就会造出种种的恶业来，造了种种的恶业，就一定要受种种的苦报。"声闻"见到了这种聚集"生死的苦因"，所以就修"集谛"。（"集谛"：就是聚集种种苦的因，修"集谛"，就是修"灭除'无明'"，"无明"灭了，烦恼自然不会生了；烦恼不生，就不会造出种种的恶业来了；不造恶业，就没有受苦的"因"了；没有"因"，哪里会有"果"呢？）

并且因为见到了"生死"的"苦"，就觉得"涅槃"实在是有"寂灭"的"乐"处，所以就修"灭谛"。（修"灭谛"：就是修"灭除生生死死"的"苦"。）

所说的修"道"，大略说起来，就是修"戒""定""慧"。"声闻"见到了修这种"道"，可以"了脱生死"，证到"涅槃"，所以就修"道谛"。（修"道谛"：就是修种种真实的佛道。）

○戒、定、慧："戒"字是禁止、不许犯一切不合佛道的"法"。在家的修行人，受"五戒"，就是戒杀、盗、淫、妄、酒，受了"五戒"的在家修行人，男可以称"优婆塞"，女可以称"优婆夷"。初出家的人，受了"十戒"，男称"沙弥"，女称"沙弥尼"。男出家人，受了二百五十条戒，可以称"比丘"。女出家人，受五百条戒，可以称"比丘尼"，这是最完全的"戒"了。修各种的"戒"，可以灭除"贪"心。

○修"定"，是用"定"功，可以灭除"瞋"心（"瞋"：是发火的意思）。

○"慧"是智慧，修"慧"可以灭除"痴"心（"痴"：是愚痴不明白真实道理的意思）。

现在讲起实在的道理来：说没有"苦"，就是"五蕴""十八界"，都是"虚妄心"变现出来的，也没有实体的，哪里有什么"苦"的相？

说没有"集"，就是所有一切的"烦恼业"，也是从"虚妄心"中造出来的，也是没有实体的，哪里有什么聚集"生死"的相？

说没有"灭"，就是"生死"是"虚妄相"，"涅槃"实在也就是现现"相"罢了！哪里真有"生死"的"苦"？哪里真有"涅槃"的"乐"呢？"真性"原是清净得很，本来没有"生"相的，哪里会有"灭"相呢？

说没有"道"，就是一切的"法"，都是"中道第一义谛"。

说到修"戒""定""慧"，灭"贪""瞋""痴"，已经是"着相"的话了，"着相"的话，就不是"中道第一义谛"，不是"中道第一义谛"，就不是佛法。所以"苦""集""灭""道"这四谛，实在本来都是没有的，都是"空"的。

在《佛法大意》中，讲到"苦"，就是"法身"；"生死"就是"涅槃"；"烦恼"就是"菩提"；"戒、定、慧"就是"贪、瞋、痴"的道理。都讲得很明白的,可以详细看看,看明白了,这"无苦、集、灭、道"的道理,也就都明白了。

但是,佛也并不是不讲"四谛"的。《涅槃经》上说,"我昔与汝等,不见四真谛,是故久流转生死大苦海。"这四句的意思就是说:从前,我和你们,都因为见不到"四谛"的道理,所以总是在这个"生了又死、死了又生"的大苦海中,流来流去、转来转去,跳不出"生生死死"的苦。照这"四句偈"的意思,那是要跳出这个"生死"大苦海,一定要讲究"四谛"的了。

怎么在这里又说都是"空"的呢?这是有一个道理的。因为要修佛法,对于这种"四谛"和以上的"十二因缘",自然都应该要晓得的,不过明白了这种道理就是了,不可以专门着牢在这"四谛""十二因缘"上面的。譬如一块敲门的砖,敲门的时候,自然要用这块砖的,等到门敲开了,这块砖就应该要抛去了。

《金刚经》上说:"知我说法,如筏喻者。"("筏":就是用竹或木编成了一排一排的,俗话叫竹排、木排,用来摆渡过河的)这两句经的意思,就是说这个"筏",是用来摆渡的。要摆渡的时候,自然少不得这种"筏"的,等到渡过了河,这个"筏"就应该要抛掉了,若不抛掉,就反倒不能够登岸了。"声闻"着牢在这"四谛"上面,就被"四谛"束缚住了。所以观自在菩萨特地为"声闻"说这几句话,使得"声闻"明白这"四谛"法是"空"的,可以破"声闻"的"法我执"。

无智亦无得①。

【解】"智"就是"智慧"。上面说了种种都是"空"的,那么还有什么叫做"智慧"?还有什么可以得着呢?

【释】①"无智亦无得"："智慧"，本来是对于"愚痴"说的。众生都是被"无明"迷惑住了，才变得"愚痴"的。"本性"原来是很灵明的，哪里有"愚痴"的道理呢？既然原来没有"愚痴"，"本性"原来很灵明清净，还有什么叫做"智慧"呢？"智慧"还有什么用处呢？所以叫"无智"。

既然明白了"五蕴""六入""十二处""十八界"，都是"空"的，那么"人我执""法我执"都已经"破"了，两种"执着"都"破"了，那就是能"得"的人和所"得"的法，都已经没有了，还有什么可以"得"呢？

《金刚经》上说："无有少法可得"，就是说：修行的人，一直修到成佛，还是没有一些些"法"可以"得"到。所以凡是可以"得"到的"法"，一定是"虚妄法"，一定不是真实的佛法。

要晓得各人本来有的"妙真如性"，"佛"和"凡夫"是一样的。"凡夫"因为"一念妄动"（是"转乱念头"），把本来有的"妙真如性"，完全被"无明"遮盖住了，就成了"凡夫"了。倘然能够明白了一切"法"都是"空"的道理，把"无明"去得干干净净，本来有的"妙真如性"，就净裸裸地完全显露出来了，那就成了"佛"了。

所以成佛、不成佛，哪里有什么"法"可以"得"到呢？哪里有什么"法"帮助了才成"佛"的呢？

况且，所说的"得"，是本来没有的东西，现在忽然有了，才可以叫"得"。现在所说的"妙真如性"，就是每个人本来有的"佛性"，既然是本来有的，还有什么叫做"得"呢？

那么，"法"尚且没有，还有什么可以"得"呢？倘然有"法"可以"得"到，就是"着相"，就不是"佛法"，所以叫"无得"。

照这样说起来，"佛"的"成佛"，并不是"得"着了什么才成"佛"的，倒是"去掉"了些，才成"佛"的。"去掉"什么呢？就是把"无明"去得干干净净，就成"佛"了。

一个人本来的"清净心"中，凡是"佛"所有的好处，没有一样不完全的。所以《华严经》上说："心""佛"及"众生"，是三无差别。("心""佛"两个字，大略有三种解释。一，成佛不成佛，全在这个"心"，所以叫"心佛"。二，"心"中现出来的"佛"，就叫"心佛"。三，这个"心"就是"佛"，所以叫"心佛"。"差别"，是相差、分别的意思。)这两句的意思是说"佛"和"众生"，虽然是大不相同的，但是成"众生"是这个"心"，成"佛"也是这个"心"。"心"要成"佛"，就成"佛"；心要成"众生"，就成"众生"。"心"能够通"佛"，也能够通"众生"。"心"呀、"佛"呀、"众生"呀，说起来虽然是三种"名目"，实在都是这一个"心"，没有别的东西，也没有什么"分别"的，所以说"三无差别"。

　　不过，这个本来的"清净心"，被"无明"遮盖住了。譬如：一个百宝的玻璃瓶，被一重一重的黑纸裹住了，瓶内种种希奇巧妙的宝都显露不出来，就没有人晓得这是一个宝瓶了。只要能够把外面裹上去的黑纸，一层一层地都剥光了，那么，瓶中的百宝，都光明照耀地显露出来，大家就晓得这是一个百宝瓶了。照这个譬喻讲起来，实在并不是把百宝装进瓶内去了，才成一个百宝瓶的，实在是剥去了外面包裹的黑纸，这个瓶内本来有的百宝，就露出来了，所以叫"无得"。

　　但是，瓶内虽然本来有百宝的，究竟要把外面裹的黑纸剥去了，百宝才能够显露出来，那么，剥去黑纸，就是修行人修的功夫。所以说"性德"虽然完全，究竟还要靠了"修德"("性德"：是"真性"中本来有的种种好处，比喻百宝瓶中本来有的百宝。"修德"是修的功夫，比喻剥去百宝瓶外面包上去的黑纸)，才能够显出来的。

　　从以上"空中无色"一句起，一直到这里"无智亦无得"，都是说"五蕴""六入""十二处""十八界""十二因缘""四谛"，种种的"法"，没有一"法"不是"空"的道理，这都是"大乘法"的真实道理。不但是"凡夫"不明白，就是"二乘"也没有完全明白，所以观自在菩萨一层一层地说破了，使得修"般若波罗蜜多"的众生，都明白这种道理，可以专心去修。但是不明白的人，想起来，既然一切"法"都是"空"的，那么不必要"修"了，就是造了杀、盗、淫、妄的大恶业也是"空"的，造了又有什么要紧呢？要晓得杀、盗、淫、妄，确然是"虚妄心"中现出来的"虚妄法"，确然也是"空"的，不是真实的，但是"因果"是天然有的道理，种了"因"，一定要结"果"的。杀、盗、淫、妄虽然是"虚妄"的，不过既然种了这种"虚妄"的"因"，也就会结成"虚妄"的"果"的。既然种了"恶因"，就一定要结"苦果"的。这种"虚妄"的果报，受起来也就苦到不得了的。不要说"三恶道"的种种苦实在难受，就是以上所讲过的八种"苦"、七种"难"，也已经很不容易受了。

不要说"小三灾"、"大三灾"，哪里还经得起呢？到了这种苦难来的时候，你能够把它看空了，尽管去受，也不觉得苦吗？你有这样的"工夫"吗？做得到这样的地步吗？所以这种"空"的道理是一定应该要明白的。明白了这种都是这"虚妄"的道理，就应该要向真实的道理上做去，若是晓得了"虚妄"的道理，还去造"虚妄"的业，那么将来受的苦，就说也说不尽了。这是很要紧的，不可以不分清楚的。

以上从"色不异空"一句起，一直到这里"无智亦无得"，都是讲修"因"的道理。（"修因"是修成佛，成菩萨的"因"。）

以下从"以无所得故"一句起，一直到"咒"，都是讲证"果"的道理了（"证果"：是已经修到了圣人、贤人的"果位"。佛、菩萨、阿罗汉都是圣人，阿罗汉以下的"果位"都是贤人）。

以无所得故，菩提萨埵[①]。

【解】"以"字，是"因为"的意思。"菩提萨埵"，是梵语。现在大家说得简单了，就只说"菩萨"两个字。

因为没有什么可以得到的缘故，才能够成"菩萨"。

【释】①"以无所得故，菩提萨埵"："凡夫"都是着在"有"的一边，无论什么"虚妄的境界""虚妄的事情""虚妄的东西"，总认做"有"的。因为认做了"有"，就生出种种的"贪心""分别心""烦恼心"来了，就永远在"三界"内，生生死死，跳不出轮回的苦了。

菩萨明白了"人"和"法"，都是"空"的道理，还有什么可以"得"呢？（世界上除了"人"，别的一切，都可以叫"法"。"人"和"法"既然都是"空"的，还有什么可以"得"呢？）

《金刚经》上说："实无有法，名为菩萨。"就是说：实在要什么"法"都没有了，"人我执""法我执"都"空"了，才可以称"菩萨"。

若是有所"得"，就要有所"失"了。"得"和"失"的两种心常常放在肚中，不修道的人尚且不可以这样，何况修道的人呢？这种"心思"，不但"凡夫"不能够看破，就是"二乘"圣人，也只能够看破一半。所以虽然破了"人我执"，还没有破"法我执"；虽然破了"见思惑"，还没有破"尘沙惑"（尘沙惑："尘沙惑"，是佛菩萨教化众生的一种障碍，教化众生修佛道，一定要明白像"尘沙"那样多的"法门"。众生的"心性"愚痴的多，不能够明白像"尘沙"那样多的"法门"，所以叫"尘沙惑"）。哪里能够有像菩萨这样的智慧，能够把一切"虚妄相"，一齐看破呢？所以，一定要心中能够湛然（是形容"清净光明"，一些没有渣滓的意思）清净，不染一尘（即不染着一些些的污秽），才可以成"菩萨"。

依般若波罗蜜多故，心无挂碍①。

【解】"挂"是牵挂的意思。"碍"是阻碍遮隔的意思。能够依照了"般若波罗蜜多"的方法去修，所以心中就自在得很，没有什么牵挂阻碍了。

【释】①心无挂碍："心有挂碍"，就是没有智慧的人，不能够明白"空"的道理，错认了这个"五蕴"假合成的身体是"我"，就从这"六根"上起出"贪心""嗔心""痴心""妒忌心"，种种的妄心来了，一天到晚，纷纷扰扰，竟然没有一秒钟肯使这个"心"安闲自在，没有挂碍的。

若是能够明白一切都是"空"的，连这个身体的"假形相"，也是"空"的，那么这个"心"，就可以少挂碍了。但是要明白这种道理，一定要依照了"般若波罗蜜多"的"法门"去修，才能够做得到。

修的功夫，一天深一天，妄想心就一天少一天；"妄想"少一分，"智慧"就显一分；"智慧"越显，这个"真心"也就越发露出来了，就不会被"虚妄的境界"转动了，"心"就自在受用，没有"挂碍"了；没有"挂碍"，就完全是"解脱"了（解脱："解"读"夜"字音。意思是没有束缚，能够自由自在）。

一个人"本性"中，原有"法身""般若""解脱"三种"德"的，就因为被"无明"所迷惑住了，这三种"德"就都显不出来了。菩萨修了"般若"，这"解脱德"也就显出来了。

无挂碍故，无有恐怖①。

【解】"恐"是"怕"的意思。"怖"是"吓"的意思。

【释】①"恐怖"："恐"，是对于外面的境界生出来的。"怖"，是心中生出来的。

没有智慧的人，常常会转"不合道理"的念头，或是做"不合道理"的事情，所以就觉得这一样也有牵挂，那一样也有障碍，东也觉得不妥当，西也觉得不安稳，就生出种种惧怕惊吓的心来了。或是因为造了种种的"业"，良心忽然发现起来，就觉得将来受起"三恶道"的报应来，苦得很，或是怕人家要来报复了，就生出种种的恐怖心来了。

一个人最容易生出大恐怖来，是在临死的时候，因为人一生所造的恶业，或是前生所造的恶业，到了临死的时候，这种"报应"的"相"，就都要现出来了。所以人到临死的时候，往往现出种种"惧怕惊吓"的情形来，就因为看见了这种种"恶报相"的缘故。这是说有"冤业"的各种情形。

还有一种"天魔邪教"，只要一个人"心"中不清净，没有智慧，没有"静定"的功夫，这种种"魔"就用他一切邪教的法术，现出种种的形象，或是来引诱，或是来恐吓。到了那个时候，躲也躲不开，赶也赶不去，使得"心"中不能够有一刻的安闲。这都是因为"业障"深重，就会有这种"恐吓"的事情和"惧怕"的境界来了。

〇业障："业"是罪业，"障"是"阻碍"的意思，因为有了"罪业"，就阻碍了我们修行的路，所以叫"业障"。"业障"在《阿弥陀经白话解》末后咒题下，有详细解释。

若是"心"中清清净净，"自在"得很，没有一些些"挂碍"，依照了"般若波罗蜜多"的方法去修，哪里还有"业障"呢？哪里还会生出"恐怖"来呢？就是已经有的"业障"，也可以消去了。

没有"业障"，就没有"挂碍"；没有"挂碍"，就自然没有"恐怖"了；没有"恐怖"，就大大的"自在"、大大的"安乐"，没有一些些的苦恼，就"解脱"得很了。

远离颠倒梦想，究竟涅槃①。

【解】"颠倒"，是"迷惑"的意思。"究竟"是"到底"的意思。"颠颠倒倒"的梦，"颠颠倒倒"的念想，都要远远地离开，不可以有的。能够远远地离开了这种"颠倒"的"梦想"，到底终能够成"涅槃"了。

【释】①"远离颠倒梦想，究竟涅槃"：一个人就因为有了"业"，所以有"挂碍""恐怖"。有了"挂碍恐怖"，这个心一定是"颠颠倒倒""散乱不定"的了。日间妄想多，夜间一定乱梦多，这种"颠颠倒倒"的梦想，就是"生死"的"根"，所以一定要远远地离开它，才能够断这"生死"的"根"，才可以终究证到"涅槃"。

但是一定要"心"中没有"挂碍恐怖"，才能够远离这颠倒的梦想，这就要依靠了"自性"中本来有的智慧，才能够做得到。

日间心中没有颠倒的"想"，夜间睡了没有颠倒的"梦"，那是"心思"已经很清净了，"妄念"已经断绝了。还有不能够证到"涅槃"的么？

《楞伽经》上说："一念不生，即如如佛。"（"如如"是真实平等的意思。）这就是说一些些"妄想"也不生了，就是"佛"了。

"颠倒梦想"，本来就是"妄想"；能够远离了"颠倒梦想"，就远离了"妄想"；"妄想"远离了，那就只有清清净净的"真实心"了。那就舒服自在得很，的确可以成佛了，所以叫"究竟涅槃"。

并且有了"妄想"，就有种种的"烦恼"。"烦恼"是"生死"的"因"，"生死"是"烦恼"的"果"。"妄想"能够远离，就没有"烦恼"了；没有了"烦恼"，就没有"生死"的"因"了。"生死"的"因"既然没有了，哪里还会有"生死"的"果"呢？所以就没有"生死"了，就"涅槃"了。

不过，"涅槃"也有分别的："二乘"所证的，虽然也可以叫"涅槃"，但是不像"菩萨"所证的"涅槃"。因为"二乘"的"分段生死"虽然已经断了，还有"变易生死"没有断，所以不能够称究竟。"菩萨"虽然说起来是断了"变易生死"的，但是"无明"还没有破尽，还有一些微细的"变易生死"没有断尽，所以虽然证到"涅槃"，也还不能够称做"究竟"。

分段生死：这个"分"字，读做"份"字音，是有期限的意思，就是说"三界"中，"六道众生"的形体，在这一"道"中死了，又投生到那一"道"中去，都跟了前生所造的"善业""恶业"，各种"因缘、果报"，转变他们的寿数和形体。

变易生死：是"三界"外众生（即"菩萨""缘觉""声闻"）的生死。"变易"是变换的意思，就是变换地位，像"声闻"中的"初果"，修上去得"二果"的地位，再修上去得"三果""四果"的地位，"地位"变换了，"形相"也跟着变换了，就叫做"变易生死。"实在这并不是"生死"，和"三界"中众生的"生死"不一样的。

现在所说的，是菩萨依照了"般若波罗蜜多"的方法，修到了不但是在日间没有"颠倒"的妄想，连在夜间也没有"颠倒"的乱梦，那是"心"中清净极了，已经成了"佛果"了，所以叫"究竟涅槃"。

这是用"智慧"来观照"颠倒梦想"，晓得了"本性"中，本来是完全清净的，没有一些些迷惑的，所以能够远离"颠倒梦想"，成了"般若德"，这"法身""般若""解脱"三"德"都成了，还有不证"大涅槃"（即"究竟涅槃"）的吗？到了证得了"大涅槃"，才可以算是"度尽一切苦厄"了。"观自在菩萨"度"苦厄"的道理，才算圆满了。

从"以无所得故"一句起，一直到"究竟涅槃"的八句经文，是说明白"菩萨"和"佛"，怎样会到"究竟涅槃"的地位。那都是修了"般若波罗蜜多"的缘故，才能够"心无挂碍"、断绝"恐怖"、远离"颠倒"、消灭"梦想"，所以"般若波罗蜜多"真是医治"五蕴"的良方妙药。

又"挂碍"是"业"，"恐怖"是"苦"，"颠倒梦想"是"惑"。因为有"惑"就造"业"；因为造"业"就受"苦"。现在有了"般若波罗蜜多"的良方妙药，就可以灭除"惑""业""苦"三种大病，就能够到"究竟涅槃"无上快乐的地位。

在下面再讲到"诸佛"的能够得"阿耨多罗三藐三菩提",也是修了"般若波罗蜜多"的缘故,那就更加见得"般若波罗蜜多"的妙了。

三世诸佛,依般若波罗蜜多故,得阿耨多罗三藐三菩提①。

【解】"世"是"时代"的意思。"三世"是"过去世""现在世""未来世"。"诸佛"是说十方、三世,一切的佛。"阿耨多罗三藐三菩提"是"梵语",就是成佛的意思。

这三句,是说:三世一切的佛,依照了"般若波罗蜜多"的法门修,所以都能够成佛了。

【释】①阿耨多罗三藐三菩提:"阿耨多罗三藐三菩提",翻译中国文:"阿"就是"无"字,"耨多罗"就是"上"字,"三"就是"正"字,"藐"就是"等"字,"菩提"就是"觉"字,合拼拢来,就是"无上正等正觉"六个字。

把它分开来解释:"无上"是"最高上"的意思。"正等"是没有"邪见""偏见"的意思。"正觉"不像"外道"的那种"偏见""邪见",是"正确的觉悟"。总之,这六个字的意思,就是"佛的智慧",就是成佛。

"凡夫"被"无明"遮盖住了"本性",迷惑得很深了,所以不能够称做"觉"。"二乘"虽然稍有"觉悟",但是只明白了"真谛"的"理",偏在"空"的一边,所以不能够称做"正"。菩萨虽然得到"正等菩提",但是"无明"还没有破尽,究竟还不能够比"佛",所以不能够称"无上"。只有"佛"是"迷惑"、"妄想"完全断绝,"三觉"(即"自觉""觉他""觉行圆满")一齐圆满,所以能够称"无上正等正觉"。

这三句的意思是说:依了"般若波罗蜜多"的法门去修,不但是可以成"菩萨",就是三世、一切的佛,超"生死"、入"涅槃"、度"众生"、成"正觉",哪一样不是依了这个"法门"修成的?

可见得这个"智慧",实在是真的了不得的。有"智慧",才能够晓得"自性"本来"清净";有"智慧",才能够晓得"自性"本来没有"生灭";有"智慧"才能够晓得"五蕴""十二入""十八界""十二因缘""四谛",都是自己的"妄心"变现出来的;有"智慧"才能够晓得一切"空"相,自己的"心"才不会被这"空相"所摇动改变。有"智慧",就"觉悟不迷";没有"智慧"就迷惑不觉。"迷"就是"凡夫","觉"就是"佛",全在有没有"智慧"的分别。所以"智慧"是最要紧的,是最宝贵的。

这本《心经》是完全把这个"智慧"做本体的,所以到这里说到成"佛",已经是"究竟处"了("究竟处":就是到"尽头"、到极顶了),没有可以再进一步,再高一层了。

故知般若波罗蜜多,是大神①咒、是大明②咒、是无上③咒、是无等等④咒。

【解】咒⑤,梵语叫"陀罗尼",翻译成中国文,是"总持"⑥两个字。"大神"是有"大神力"的意思。"大明"是有"大光明"的意思。"无上"是"没有能够胜过"的意思。"等"是一样的意思,"无等等",是"没有同它一样"的意思。

因为依照了"般若波罗蜜多"的"法门"去修,就可以成"菩萨",成"佛"。所以晓得修这个"般若波罗蜜多"的"法门",就是修了有"大神力"的咒,修了有"大光明"的咒,修了没有能够胜过这个"咒"的咒,修了没有可以同这个"咒"一样的咒。这是说:这个"般若波罗蜜多"的"法门",实在是了不得了。

【释】①大神：因为能够消灭一切虚妄的心念，能够破除一切邪魔的障碍，同了有"大力"的"真言""咒语"，有一样的"大功效"，所以叫"大神"。

②大明：能够灭除众生昏暗的心思、愚痴的念头，像"大光明"咒一样的能够破一切黑暗，所以叫"大明"。

③无上：并且这种"神力"，这种"光明"，不是寻常的，所以叫"大"。因为有"般若"的力量，能够使得"万行圆满"，是最高，是超过一切的"咒"，没有比这个"咒"更加高的了，所以叫"无上"。

④无等等：佛的功德、智慧是最高的，胜过一切的，没有能够同佛一样的，所以叫"无等"。现在说：同"无等"的"佛"相等的、一样的，所以叫"无等等"。（"无等"两个字就是说"佛"；"无等等"，是说"同佛相等"，就是"同佛一样"的意思。）

⑤咒：这一句"般若波罗蜜多"是"经"，并不是"咒"，现在也称做"咒"的道理，是这个"般若波罗蜜多"的"法门"，灵验奇妙，同"咒"有一样的功用，所以称"咒"。

⑥总持："持"字，本来是用手来拿东西的意思。"总持"，是"拿了一种，就各种都拿到"的意思。譬如念一种"经"，就各种"经"都念到了；念一种"咒"，就各种"咒"都念到了；拜一尊佛，就各尊佛都拜到了。一可以通无量数，无量数可以"合归一"，所以叫"总持"。

能除一切苦，真实不虚。

【解】上面所说"般若波罗蜜多"的功用，能够灭除一切"苦"的话，是真实的，不是虚假的。

【释】以上"四句咒"都是称赞"般若波罗蜜多"的妙用（奇妙的用处），是什么"妙用"呢？就是能够灭除一切"苦"的妙用。

佛所以哀怜众生，就因为众生有一切"苦"的"缘故"。现在有了"般若波罗蜜多"的绝妙法门，能够灭除一切的"苦"，那是这种"功用"的妙！哪里还能够拿言语来称赞得尽呢？

能够灭除一切的"苦"，就是经中所说的"度一切苦厄"的意思；但是不依照"般若波罗蜜多"的法门修，"智慧"显不出来，就不能够明白一切都是"真空"的道理，那么怎么能够灭除一切的"苦"呢？

观自在菩萨还恐怕众生的信心不切，所以又说"般若波罗蜜多"这一句咒，能够灭除一切"苦"的话，是真实的，一点不虚假的，大家可以相信，可以依照去修的。这真是从"菩萨"大慈大悲救苦救难的心中发出来的真心话。

故说般若波罗蜜多咒。即说咒曰：揭谛揭谛，波罗揭谛，波罗僧揭谛，菩提萨婆诃。

【解】因为这个"般若波罗蜜多"咒①，能够灭所有一切"苦"，所以"观自在菩萨"说这个秘密的咒，就说出这四句咒来。

【释】①从这部《心经》开头起，一直到上面"真实不虚"一句，说"般若波罗蜜多"，都是明显说的"经"，念明显说的"经"，可以使得人明白义理，增长智慧；念秘密说的"咒"，可以使得人增长福德。

所以，这一部《心经》实在是"显、密融通"（就是"明显"和"秘密"，融合在一处的意思），有"福慧双修"的妙用（就是说"福"和"慧"一同都"修"的意思）。总之，无论"明显"说、"秘密"说，都是说"般若波罗蜜多"

的功用，照这个"法门"去"修"，就可以成"菩萨"、成"佛"。

诚心念这个"咒"，也可以成"菩萨"、成"佛"的。因为，或是成"佛""菩萨"，或是堕落"三恶道"，都在这个"心"。"心"觉悟，就是"佛""菩萨"；"心"迷惑，就是"三恶道"。所以说，"一切唯心"。(这一句是说不论什么"境界"，什么"事情"、什么"东西"，都是这个"心"变现出来的。"心善"，就变现出"善相"来；"心恶"，就变现出"恶相"来。)

《观无量寿佛经》中说：是心想佛，是心即是"三十二相""八十随形好"。就是说，一"心"专门想"佛"的时候，这个"心"就现出"佛"的"相"来了。因为"众生"的"本性"，原是和"佛"一样的，被"妄想"把"本性"包住了，"本性"就显不出来了，"本性"既然显不出，那么"佛"的种种好"相"，自然也都显不出来了。到了"一心想佛"的时候，没有一些些妄想，这个"本性"，就现出自己原有的"佛"相来了。

三十二相：是三十二种特别的好"相"，是"佛"修"福"修到了"百劫"长的时期，才能够现出这三十二种好"相"，显出"佛"众德圆满，使得看见的人，都会发生恭敬的心。

八十随形好：也可以叫八十种"好"，这是把三十二种好"相"，又分别成八十种好"相"。"随"字，是"跟随"的意思，也有"从其中发生出来"的意思。因为这八十种"好"，是跟随三十二种"好"才发生出来的，所以叫"随形好"。

倘然要把"三十二相""八十随形好"，一种一种都讲出来，再加上详细的解释，那就烦得不得了，所以不能够多讲了。若要详细知道，可以查看新编的《观无量寿佛经》白话解释，其中有"三十二相""八十随形好"的注解的。

《经》中又说"是心作佛，是心是佛"。就是说这个"心"专门想"佛"的时候，"心"中清净得很，可以感应他方的"佛"，还可以显出自己"心"中本来有的"佛"。所以，只要想"佛"、念"佛"，就成了"佛"。总之，看见

"佛"、看不见"佛",现出"佛相"、不现出"佛相",成"佛"、不成"佛",都是这一个"心"！

○是心作佛,是心是佛:两个"是心"的"是"字,都是"这个"的解释,"是心"就是"这个心"。"作"字,可以当做"想"字解释,或是当做"作观"的"作"字解释。

我说出一个证据来,大家就晓得这句话是确实的了。唐朝有一个很有名的画师,叫吴道子,他起初专门画马的,他画马都是画八匹,叫做"八骏图"（好马叫"骏"）。一次,他画了七匹马,都是很好的,只有一匹"仰天"睡在地上的马,终是画不好。他就睡在床上,学"马"仰天睡在地上的样子,天天一心去描摩。有一天,他的夫人到他房里去,并没看见吴道子,只看见床上睡了一匹马。后来,吴道子晓得了,他想,这个"心"专门想了"马",自己的形相就成了"马";形相常常像"马",那将来是要落到"畜生"中去。所以他就不画"马",专门画"观世音菩萨"的像了。他也画得很好的。有一天,他要画"观世音菩萨"入定的像,又总是画不好,他又在房中一"心"学"观世音菩萨"入定的样子。恰巧他的夫人又走进房里去,又没看见"吴道子",只看见一尊"观世音菩萨"坐在房内。

照这样讲起来,是只要这"心"一心想什么,就会像什么的,那还不是"万法唯心"（万法唯心:是说所有一切的"法",都是自己的"心"造出来的）"是心作佛""是心是佛"吗?所以成"佛"、成"菩萨",实在全在自己的"心",这就是"观自在菩萨"说这本《心经》的意思。

不过,"心"是人人有的,为什么一样的一个"心",有的成"佛"、成"菩萨",有的堕落到畜生、饿鬼、地狱道中去呢?这就全在这个"智慧"了。

有了"智慧",才能够分辨"苦""乐";有了"智慧",才能够分辨"邪""正";有了"智慧",才能够分辨"圣"（圣人）、"凡"（凡夫）;有了"智慧"才能够只造"善业"、不造"恶业";有了"智慧"才能够不修"小乘法”，专修“大乘法”。

　　所以佛说六百卷大部《般若经》，没有一卷不是重在“般若”的，这又是“观自在菩萨”说这部《般若波罗蜜多心经》的意思。

　　讲到“咒”，本来是秘密的，向来没有翻译，更加没有解释的。只要一心至诚地念，不论什么心愿，就都可以成功的。

金刚经

经 题

金刚般若波罗蜜经。

《金刚经》略称为《金刚般若经》，全名为《金刚般若波罗蜜经》。《金刚经》属于《大般若经》里的第九会。本经的说法者是释迦牟尼佛，请法者是佛陀十大弟子之中，解空第一的须菩提尊者。内容叙述佛在舍卫国祇树给孤独园，回答须菩提所提出的二十七个问题，全文共有五千余字，藉由佛陀与弟子须菩提之间的问答，而阐述一切法无我的道理。本经的要旨是要我们发无上菩提心，必得先将心降伏；成无上菩提果，必须心无所住。其主旨也可以用十六个字来概括，即："无相布施，无我度生，无住生活，无得而修。"

"金刚般若波罗蜜经"是这一部经的经题。我们分为金刚、般若、波罗蜜、经来解释。

金刚是印度本土产的一种希有宝石，叫做金刚石；它有三种特性：1. 形状为透明八面体，曝于日光下，呈灿烂金色，光明无瑕。2. 其质非常坚固，不变形。3. 质地坚利，能切割雕刻坚石而不被破坏。此经以"金刚"为名，取其义则是历劫百生而觉性不坏，照诸法空，无微不彰。

般若音钵若，梵语，是智慧的意思。而其妙用则在能发现真理、体悟真理、证觉真理，而了悟生死，得以解脱。

波罗蜜，是梵语，渡到彼岸的意思。众生因为受了个"我"的迷惑，生活在烦恼的苦海中，如果能从生死烦恼的大海中，渡到不生不灭、清静安乐之境地，就是到彼岸了。佛法的六波罗蜜为：布施、持戒、忍辱、精进、禅定、智慧的六度。

经，是圣人的训典。这部经是佛的训典，佛是出世的圣人，佛四十九年所说的一切法，都称为"经"。

一般古代讲经的法师，常常用四个字来解释"经"：贯、摄、常、法。"贯"是讲它的语言文字有层次、有条理，一点都不乱，从头到尾都能够贯穿。"摄"的意思深，它能够摄受人心，让你接触之后，欲罢不能，就像磁石吸铁一样，它有这个能力。普通的书我们看一两遍就没有兴趣了，但是佛经我们一辈子也看不厌，这就是"摄"的力量。

"常"是它里面所讲的道理、方法永远不会变。无论在哪个时代，无论在哪个环境，它都是正确的，它对你都是有利益的。这就是"常"。

"法"是法则，无论在什么处所、在什么年代，任何一个众生，依照这个法则修行，决定能成就。具足这四个条件，称之为"经"。

《金刚经》传入中国后，自东晋到唐朝共有六个译本，以鸠摩罗什所译《金刚般若波罗蜜经》最为流行。唐玄奘译本，《能断金刚般若波罗蜜经》共8208字，为鸠摩罗什译本的一个重要补充。本书采用的是鸠摩罗什所译本。

人 题

姚秦三藏法师鸠摩罗什译。

姚秦是朝代名称。秦有三秦：曰嬴秦、符秦、姚秦。姚秦即五胡十六国的后秦。

三藏是指经藏、律藏、论藏三者。如来所说的教法典籍是经藏；所说的戒律典籍是律藏；所说的法相问答，及佛弟子或诸菩萨所解释的经义，与辩论法相的典籍是论藏。

鸠摩罗什是翻译本经的译经师。他是天竺人，生于龟兹（今新疆的库车），幼时即随其母什婆游历各方，曾在印度从槃头达多学小乘佛教；次于疏勒国从须利耶索摩学大乘佛教；以后回到龟兹，又从卑摩罗义学律；而后就在龟兹传扬大乘佛教。建元十九年，前秦符坚遣将吕光征讨龟兹而掳获鸠摩罗什，班师回凉州时，闻符坚败讯，即在凉州拥兵独立。到了后秦姚兴举兵伐凉，灭吕光而带鸠摩罗什回长安，以国宾礼遇之，请在西明园及逍遥园译经。因其精通经、律、论三藏，所以后世称之为三藏法师。

法会因由①分②第一

【题解】本分是叙述此经启建缘由, 祇园法会由此揭开序幕。发起这个法会的主因, 是如来在穿衣吃饭处, 显示般若的妙趣, 以宣说此经, 令众生都能在日常生活的行、住、坐、卧间, 去体会般若的生活。

如是我闻③: 一时, 佛在舍卫国祇树给孤独园④, 与大比丘众千二百五十人⑤俱。尔时, 世尊⑥食时, 著衣持钵⑦, 入舍卫大城乞食。于其城中次第乞已⑧, 还至本处。饭食讫, 收衣钵, 洗足⑨已, 敷座⑩而坐。

【注释】①法会因由: 是说阿难记经时的原由状况。

②分: 全部金刚经共分成三十二分。是梁昭明太子萧统所划分的, 古藏真经并无此界分。

③如是我闻: 此经乃弟子阿难亲闻之于佛。《大智度论》三卷云:"如来欲离世间时, 对阿难言, 十二部经, 汝应作经宣传。又告优波离言, 一切律戒, 汝当受持布教。阿难闻佛咐嘱, 心甚忧悔, 时忧波离语阿难言: 汝当速问佛未来要事。于是两人同往问世尊四事。一问: 以后所作一切经首, 要加何等文句。

佛言：要用"如是我闻"为经首。二问：以何为师。佛答：以戒律为师。三问：以何为住。佛答：观身不净、观受是苦、观性法空、观心无我，应观如是四念处为住。四问：恶性比丘如何共住。佛答：恶性比丘以默摈治之。"故佛经首句，皆有"如是我闻"四个字。

④舍卫国祇树给孤独园：舍卫国是波斯匿王的国都名。祇树是波斯匿王之太子祇陀所种植的林树称为祇树。祇音奇。在波斯匿王的大臣中，有一位名叫须达多的人，他为人乐善好施，当时众人称他为"给孤独长"。因此他所购买的园亦称为给孤独园。此经就是佛在此园中对大众所讲的。

⑤大比丘众千二百五十人：比丘犹言乞士。上乞法以养慧命，下乞食以滋生命。大比丘是泛指有德性的高僧。比音必。众，以佛法来说：四人以上乃至于无限量曰众。千二百五十人，此指最初从佛出家的人众。佛初成道时，至鹿野苑初度阿若憍陈如等五人；接着于鹿野苑复度耶舍长者子等五十人，再来是于火龙窟度优楼频罗迦叶等五百人；于象头山度伽耶叶等二百五十人；于希连河曲度那提迦叶等二百五十人；于王舍城竹围再度舍利弗、目犍连二百人。如此算来，初期跟着佛陀出家的弟子，就有一千二百五十五人。于经上所说的千二百五十人，是略去零数而说的。

⑥世尊：佛之称也。佛有十称，曰：如来、应供、正偏知、明行足、善逝、世间解、无上士、调御丈夫、天人师、佛世尊。

⑦钵：为应量器。乞食有三应，即色相应、体相应、大小相应。色相应是指钵是用铁或瓦铸成，呈灰黑色者，令人不起爱恋之意。体相应：指钵的形体粗制滥造，令人不起贪恋之意。大小相应：是不过量的意思，乞食不过七家，令人不贪口腹之欲也。

⑧次第乞已：次第乞是佛教的乞食制度。一定要逐门逐户依次而乞食，除了不信三宝不愿施食者以外，不得任意拣择或越贫而从富，或舍贱而从贵，依次平等行乞，以免世俗的讥嫌。已，完毕、结束。

⑨洗足：佛制规定外出行乞，必须赤足，目的在于保护地上的微细生

物。因此从外面回来，在静坐前先行洗足。

⑩敷座：敷是展布，即是准备静坐的座位。（般若为诸佛之母，三世诸佛共所依止。传言世尊每说般若，皆自敷座位，以表恭敬，此会亦然。）

【译文】弟子阿难说：这本金刚般若波罗蜜经是我亲自听到如来佛说的。在说此经的时候，佛是在舍卫城的祇树给孤独园，与有德性的高僧及各弟子，约有一千二百五十人等共同生活。那时候已经是快到吃饭的时刻。大伙儿穿上了袈裟，拿着盛饭的钵，由祇树给孤独园走进舍卫大城去乞食。在城中依次乞食完了，便回到原处吃饭。佛吃过了饭，就将衣钵收拾干净，也洗净了脚，亲自在地上铺好座位坐下来。

善现①启请②分第二

【题解】本分是叙述般若本体的妙用，原是不假他求，只在平常生活里面，弟子跟随在佛陀身边数十年，一向不知佛陀的动静去来、穿衣吃饭处所含的般若妙趣，只道与众生一般。解空第一的须菩提，是今般若会上的当机者，慧眼识破佛陀在生活中所含的般若妙趣，乃代表大众，恭请佛陀说法。从须菩提所发问的"如何使菩提心常住不退""如何降伏妄念之心"，掘开了金刚般若的法源，使一切世间无量的众生，同沾佛法的甘露，得大解脱。

时长老③须菩提在大众中，即从座起，偏袒右肩④，右膝着地⑤，合掌恭敬，而白⑥佛言："希有！世尊。如来善护念⑦诸菩萨⑧，善付嘱诸菩萨。世尊！善男子、善女人，发阿⑨耨多罗⑩三⑪藐⑫三菩提⑬心，应云⑭何住⑮？云何降伏其心？"佛言："善哉！善哉！须菩提！如汝所说，如来善护念诸菩萨，善付嘱诸菩萨。汝今谛听⑯，当为汝说。善男子、善女人，发阿耨多罗三藐三菩提心，应如是住⑰，如是降伏⑱其心。""唯然^⑲! 世尊! 愿乐欲闻。"

【注释】①善现: 就是须菩提的汉文译名,另有善吉、空生等译名。

②启请: 如来每次说法,必定与门下弟子相与问答,借问答以启发真理。

③长老: 德高曰长,年高曰老。佛法对受戒十年以上者的尊称,亦称为长老。

④偏袒右肩: 是印度人民行礼的一种仪式。

⑤右膝着地: 是礼佛上座比丘的仪容。

⑥白: 禀白的意思。《正字通》云:"下告上曰禀白。"

⑦护念: 是摄受不弃舍的意思。

⑧菩萨: 梵语,单修智慧曰菩;单修福业曰萨;福慧双修曰菩萨。泛指发了菩提心要成佛,以救世救人为己任之大觉大悟之人,为佛弟子。

⑨阿: 梵语,音鸦,"无"的意思。

⑩耨多罗: 梵语,是"上"的意思。

⑪三: 正也。

⑫藐: 等也。

⑬菩提: 觉也。阿耨多罗三藐三菩提,就是无上正等正觉,亦即是人的真性情。(菩提从因至果,由浅至深,智度论中分有五种如下: 发心菩提、伏心菩提、明心菩提、出到菩提、究竟菩提。)

⑭云: 虚字。

⑮住: 执着、坚持的意思。

⑯谛听: 仔细用心听。真谛三藏说:"谛听离散乱、轻慢、颠倒三过失,得闻、思、修三慧功德。"

⑰如是住: 是指第四分说的:"无所住而住。"

⑱如是降伏: 是指第三分说的:"无所降伏而降伏。"

⑲唯然: 领诺也。"是的"的意思。

【译文】这个时候，众弟子中德高年长的须菩提，在大众中从自己的座位上站了起来。他露出右肩，右膝跪地，两手合掌，很敬重地对如来佛行了一个礼，赞叹地说："世间希有啊世尊，您对于未成佛的菩萨弟子，善尽保护怜念他们的善心；又善于咐嘱指导一切学佛的大众。世尊！那些善男信女，若是发了无上正等正觉的菩提心，要怎样才能使这个菩提心常住不退呢？如果他们起了妄念的时候，又要怎样去降伏他们的妄心呢？"佛回答说："问得好！问得好啊！照你所说的，知道我善尽保护怜念未成佛的菩萨弟子，也善于咐嘱指导一切学佛的大众，你既然明白这个道理，就要仔细用心地听，我来为你们解说。善男子、善女人发愿成就无上正等正觉的菩提心，应该这样保住菩提心，应该这样去降服妄念。"须菩提听了，回答说："是的，世尊！我很高兴听您说明这个道理。"

大乘^①正宗^②分第三

【题解】本分是大乘的心要。佛陀回答须菩提的问题，最重要的就是要发四心：一、广大心，不拣择优劣亲疏，一切众生皆度；二、最胜心，使众生皆断除烦恼，了生脱死而入无余涅槃；三、无对待心，视一切众生平等无差别；四、无颠倒心，没有我、人、众生、寿者四相之分别计较。又菩萨若能用般若妙智，照了性空本无四相，名降伏其心，否则非菩萨。

佛告须菩提："诸菩萨摩诃萨^③，应如是降伏其心：所有一切众生之类，若卵生、若胎生、若湿生、若化生^④；若有色、若无色^⑤；若有想、若无想^⑥；若非有想非无想^⑦，我皆令入无余涅槃^⑧而灭度^⑨之。如是灭度无量无数无边众生，实无众生得灭度者。何以故？须菩提！若菩萨有我相^⑩、人相^⑪、众生相^⑫、寿者相^⑬，即非菩萨。"

【注释】①大乘：声闻菩萨是小乘，悟四谛法；缘觉菩萨是中乘，悟十二因缘法；大乘菩萨则悟六度万行法。

②正宗：般若为诸佛之母，是最上乘之法，所以称之为正宗。

③摩诃萨：梵语，诃音何。摩诃是广大的意思。摩诃萨是菩萨中觉大悟的大菩萨。

④若卵生、若胎生、若湿生、若化生：由于各个生命的业力差别，依其出生的形态可分为四类：

1.卵生，是由卵壳孵化而生，如鸟、龟、蛇类；2.胎生，是由母体怀孕而生，如人、畜等；3.湿生，为水中鳞介动物，如鱼、虾等；4.化生，为蜕化动物，如蚕化为蛾、虫化为蝶、蛆化为蝇之类。

⑤若有色、若无色：色就是现今称之为"物体"的，是有形可见的。无色则是虽存在却看不见，如溶于水中的盐、糖；空气中的氢、氧各种气体；三界中的旋风鬼魅。

⑥若有想、若无想：有想就是有心识的活动。于三界中，除色界四禅天中的无想天的众生外，其余一切众生都是有想的。无想就是没有心识的活动，如土、木、金、石之类。

⑦若非有想非无想：这是专指外道修无想天而感得无想天的果报，仍是有情的。没有私人恩怨的意识活动而称无想，而意识仍有天体持常的运作、天道报应等道理又非无想。非有想非无想仍取着三界，还谈不上涅槃解脱（按：三界是指欲界、色界、无色界三者）。

⑧无余涅槃：涅槃音年盘，梵语。涅是寂灭、空寂的意思。槃是指烦杂事务。无余，是说不留丝毫生灭妄相。无余涅槃就是大涅槃，亦即不受生死的烦恼，从心灵深处得到解脱。

⑨灭度：灭除烦恼，度脱生死。

⑩我相：相，形迹的意思。举凡终日营营为自身打算，为子孙打算者，都是我相。

⑪人相：凡分别你我、趋炎附势、嫉人之有、吝人之求，都是人相。

⑫众生相：自以为是为众人求生，为众人服务的，缘众求和合的是众生相。

⑬寿者相：凡焚香祷祝，祈求长生不老的人。

【译文】佛告诉须菩提说："诸菩萨、摩诃萨等应按照我下面所说的方法，降伏其妄念心：所有一切众生，如卵生、胎生、湿生、化生，如有色、无色，如有想、无想、非有想非无想，我都要度他们超脱六道轮回，以至于不生不死，获得最终解脱。我虽然这样灭度众生，但是一切众生实在没有得我的灭度。这是为什么呢？因为众生与菩萨，同具此菩提心，现在灭他们的妄心而度归清净，不过还其所本有，也就是他们自性自度，并非是我所度的。须菩提！若菩萨还执着我相、人相、众生相、寿者相，还是执着自性的众生，尚未灭度无余，自然不是菩萨。"

妙行无住^①分第四

【题解】本分在叙述"妙行无住"，就是说心应无所住而行布施。有住即是住相，就是对诸法产生虚妄分别；若不住相，就不为妄境所动；不为妄境所动，则不生不灭，清净本然之体迥然独露矣。此不住之住，才是真正的奥妙之行。不着相布施，也就是菩萨在行布施时，了达布施者、受施者及所施物三轮体空。即无能施之心，不分别受施之人，不见有施之物，当然布施后不存求报的念头。能不着相布施，因施与性空契理，性空无量无边施福亦无量无边。

复次^②："须菩提！菩萨于法，应无所住行于布施^③。所谓不住色布施，不住声、香、味、触、法布施。须菩提！菩萨应如是布施，不住于相。何以故？若菩萨不住相布施，其福德不可思量。须菩提！于意云何？东方虚空^④可思量不^⑤？""不也，世尊！""须菩提！南、西、北方、四维^⑥、上下虚空，可思量不？""不也，世尊！""须菩提！菩萨无住相布施，福德亦复如是不可思量。须菩提！菩萨但应如所教住！"

【注释】①妙行无住：妙行是无所行无所不行，虽行而不执着于行。有所行就不能无住，这行而无行、住而无住的妙理，说的就是不着相布施。（眼识所见种种色，耳识所闻种种声，鼻识所嗅种种香，舌识所尝种种味，身识所感种种触，意识所知种种法，若布施时，被此六根、六尘、六识所束缚，称为有住。）

②复次：再做进一步的说明。

③布施：是佛法六度之一。布施分三种：一曰财施，以财物解救众生的困危，使之得到物质生活的满足；二曰法施，是以知识开解众生的迷惑，使之得到精神生活的安定；三曰无畏施，是以威力救护众生的苦难，使之得以远离种种困苦。（按：佛法六度为布施、持戒、忍辱、精进、禅定、智慧。）

④虚空：太虚之中，谓"天"也。

⑤不："否"的意思，音否。

⑥四维：东、南、西、北四个角落。

【译文】佛再对须菩提说："菩萨于无上正等正觉之法，应该不着相布施。所谓不着相布施，就是要六根清净，离开色、声、香、味、触、法等尘相而布施，也就是施者忘施，受者忘受，并且要忘记所施之物。（如此施空、受空、物空即所谓的'三轮体空'。）须菩提，菩萨应该不住相布施，为什么呢？因为着相布施，是局于有相；而众生之相，实在只等于一微尘，即使能因此而获福也是有限的。若不着相布施，就无相可住，像这样不住相布施的福德就不可限量了。须菩提！你认为呢？譬如说东方那无边际的虚空，你可以以心思度量吗？"须菩提回答说："不可以，世尊！"佛又说："须菩提！再与东、南、西、北四方及上下的虚空那样毫无边际，你是否可以用你的心思去度量呢？"须菩提回答说："不可以的，世尊！"佛又说："须菩提！

菩萨若能不着相布施，所得的福德也就像虚空这样的不可限量。须菩提！菩萨应该照我善护念、善咐嘱之教，如是降伏妄心，而又不着相布施，常坚守着菩提心。"

如理实见^①分第五

【题解】本分在叙述，若能了达凡是所有一切造作迁流变化的种种相，都是因缘生法，因缘会遇而生，因缘离散而灭，如幻如化，虚妄不实，求其实，了不可得，那么当体即契无相之理，就可见到无相的法身如来。

"须菩提！于意云何？可以身相^②见如来不？""不也，世尊！不可以身相得见如来。何以故？如来所说身相，即非身相^③。"佛告须菩提："凡所有相，皆是虚妄。若见诸相非相，即见如来。"

【注释】①如理实见：如理就是不可以虚妄之相见如来，应从无相无不相之理见如来。实见即是见自性如来。如理实见，是说不可执相，亦不可离相；虽有相而不住相，则即见诸相非相，谓之善见如来。

②身相：即有形的色身。

③非身相：指"法身"的意思。

【译文】佛说："须菩提！你认为可以以如来的有形色身认为是

如来的真实本体吗？"须菩提回答说："不可以，世尊！不能以如来的色身认为是真正的如来。为什么呢？因为如来所说的色法身相，并不是真实存在的身相。"佛又告诉须菩提说："不但我的形相是这样的，凡世间所有的相，都是虚无不实的。若是识破了诸相都是虚妄的道理，就可以见到如来的真实法相了。"

正信希有①分第六

【题解】本分在叙述，显真空第一谛，说因修要无住，果证要无得，方为无依无得的实相般若。这种甚深妙法自然不易令人生起实信；谓实信者，是必须由智慧了达无所得法，修无所得行，证无所得果，然后才圆满了彻第一谛，所以是希有难得的。

须菩提白佛言：“世尊！颇有众生，得闻如是言说章句，生实信不？”佛告须菩提：“莫作是说！如来灭后，后五百岁②，有持戒③修福者，于此章句，能生信心，以此为实。当知是人，不于一佛、二佛、三四五佛而种善根，已于无量千万佛所种诸善根。闻是章句，乃至一念生净信者。须菩提！如来悉知悉见，是诸众生得如是无量福德。何以故？是诸众生，无复我相、人相、众生相、寿者相，无法相，亦无非法相④。何以故？是诸众生，若心取相，则为着我、人、众生、寿者。若取法相，即着我、人、众生、寿者。何以故？若取非法相，即着我、人、众生、寿者。是故不应取法，不应取非法。以是义故，如来常说：汝等比丘！知我说法，如筏喻者；法尚应舍，何况非法？"

【注释】①正信希有：盖凡夫布施，皆是住相布施；凡夫观佛，皆是住相观佛。凡夫不知道布施不住相的功德更大；而观佛不住相的智慧更深。所以佛教人以无相之因契无相之果，则因深果深。这个道理，令人难以相信，难以了解，所以称之为正信希有。

②后五百岁：佛陀出现以后，都有其正法、像法、末法三个时期，其时间的长短是各自不同的。以释迦佛的教法流行来说：正法是一千年，像法也是一千年，末法则是一万年。这里的后五百岁则是说正法一千年的第二个五百年。（按：如果教、行、证三者都具足的话，那就是佛陀的正法时期。）

③持戒：持守戒律。持戒有三种：一曰律义戒，凡行居坐卧、出入往返，严以律己的人属之。二曰摄善戒，是说知道是善事就要去做者。三曰饶益有情戒：发心修行，欲灭度众生于苦海者。

④非法相：即无法相。

【译文】须菩提向如来佛禀告说："世尊！您所说的不住相布施，以及所谓见诸相非相即见如来，这种无相真空的妙理，一般众生听了能了解相信吗？"如来佛听了就告诉须菩提说："你不能这样说。我说的法，虽是深妙，难道都没有相信的人吗？不但现在有人相信，将来也是会有的。就是到我死后，后五百岁，有持守戒律、广修福田的人，看到此经中的一章一句，自能信以为真。也就可以知道这种人善根深厚，不仅是于一二三四五佛所种的善根，乃是从无量佛所种得来的善根。这种人看到此经的一章一句，而能心净不乱，心信不疑。须菩提！我完全可以洞悉彻见，这类众生是可以得到不可估量的福报和功德。为什么呢？因为这些众生善根纯熟，已悟得真空无相的道理, 已离开我相、人相、众生相、寿者相; 并且无法相, 也无非法相。这又为什么呢? 这些众生, 若心有所取相, 即着了我、人、众生、寿者四相; 若执着此经章句, 也是着了我、人、众生、寿者四相。为什么呢? 若心执偏空, 就是固执人死身心皆断灭, 归于空无的一个错误的断见, 也与着四相无异。所以于法相实不应执有, 也不应执无, 才得以悟入性空, 自然离法。就因为这个道理, 所以我常告诉你们这些比丘, 对于我所说的一切法, 只是要你们假借此法而离相见性; 假借此法使你们度脱生死的苦海。如果你们见了自己的本性, 证了涅槃之乐时, 就可以舍去此法。就好比编竹筏, 渡人过河, 到了彼岸就不需要再用筏了。似此, 佛所说的法尚且要舍去, 何况 (世间文词) 不是佛所说的法, 又为什么坚持不舍呢?"

无得无说^①分第七

【题解】本分说明，凡夫之见，以为物可得，法可说，这均是一种执著。又有人以为法不可说得，但可以心得，这亦是一种无形的执著，即所谓的"所知障"（又称"理障"）。事障障凡夫，理障障菩萨。今云"无得"，就是要破事、理二障；"无说"，是要破语言文字之障。若能得"无得"之得，才是真得；说"无说"之说，才是真说，以还现本来的清净自性。

"须菩提！于意云何？如来得阿耨多罗三藐三菩提耶？如来有所说法耶？"须菩提言："如我解佛所说义，无有定法名阿耨多罗三藐三菩提；亦无有定法如来可说。何以故？如来所说法，皆不可取、不可说；非法、非非法。所以者何？一切贤圣^②，皆以无为法^③而有差别。"

【注释】①无得无说：凡夫皆以为有物可得谓之得，取得有形的物质为物得，是一种事障；又以为有法可取谓之得，也是一种无形的我执，谓之心得，是一种理障。无得，就是双破事理二障的意思。而如来之说法，虽有言说，都不可偏执，若是随言生解，执着有无，与对事物的执着意思是相同的。无说者，就是要破除语言文字之障碍，是说明法与非法均不可取。如来所说的法，只是为了要普渡众生。众生于未渡之前取之为法，既渡则舍之。取与舍实没有一定的法。

②贤圣：即所谓三乘贤圣之总称。一曰声闻乘，是依"苦、集、灭、道"四谛之法门，观闻佛说此法之声，修行而得解脱的人。二曰缘觉乘，是依十二因缘之法门，不就师而能自悟这种道理的人。三曰菩萨乘，是依六度法门而得解脱的人。

③无为法：为自然的觉性，本来如此，非因缘和合而生的，即是无上菩提，无法可说的意思。以别于有为法（世间法）。

【译文】佛说："须菩提！你认为我已得无上正等正觉的菩提吗？你认为我有说一定之法吗？"须菩提回答说："就我所知道了解佛您所说的意思，没有一定的法可以称作无上正等正觉，同时，也没有定法让如来可说的。为什么呢？因为您所说的法，是无上菩提之法，可以心悟，而不可以色相取；只可意会，不可以言说；它不是法，又不是非法。为什么呢？一切圣贤皆因在所了知的无为法方面，因证悟的深浅不同而有深浅的差别。"

依法出生①分第八

【题解】本分叙述般若智慧，是三世诸佛之母，能出生诸佛，亦是一切佛法的根源，再明白地说：因诸佛由般若智，证真如之理，亦即先以般若为师，故说诸佛从此经生；又诸佛所证真如之理，起般若方便智，为众生说法，此经又为诸法之师，所以说，诸法从此经出。

"须菩提！于意云何？若人满三千大千世界②七宝③，以用布施，是人所得福德，宁④为多不？"须菩提言："甚多，世尊！何以故？是福德，即非福德性。是故如来说福德多。""若复有人，于此经中，受持⑤乃至四句偈等⑥，为他人说，其福胜彼。何以故？须菩提！一切诸佛，及诸佛阿耨多罗三藐三菩提法，皆从此经出。须菩提！所谓佛法者，即非佛法。"

【注释】①依法出生：如来解说此部经书，旨在破除种种业障。浅以教化众生不要执着我相、人相；深以启悟菩萨不要执着于法相。未来的众生，如果能依此修行而悟生为无上正等正觉，皆是依此般若之故，所以称之为

"依法出生"。

②三千大千世界：俗称普天之下。以现在所称的一太阳系为一小世界；其千倍则为一小千世界；一小千世界的千倍为一中千世界；中千世界的千倍为一大千世界。故三次千倍而名为三千大千世界，其实就是一大千世界。

③七宝：指金，银、琉璃、玻璃、玛瑙、珊瑚、珍珠七种宝物。

④宁：岂、难道的意思。

⑤受持：信力曰受，受之而不忘于心的意思；念力曰持，持之而不厌其久的意思。受持就是承受此经之教诲而信念不怠的意思。

⑥四句偈等：为四句偈与四句等。偈音记。四句偈乃指本经第二十六分中："若以色见我，以音声求我，是人行邪道，不能见如来。"四句等乃指本经第三十二分中："一切有为法，如梦幻泡影，如露亦如电，应作如是观。"

【译文】佛说："须菩提！如果有人以充满了大千世界的金银七宝来行布施，你认为这个人所得的福德难道不多吗？"须菩提回答说："世尊！当然是很多。为什么呢？因为这种福德，是有相的布施，毕竟还是无福德性，然以人世报施的福德而言，这个人所得的福德多。"如来佛又说："如果有人，受持此般若经，甚至只要为人演说此经其中的四句偈、四句等，那么他所得到的福德，比前面说的用大千世界的七宝施福所得福德更多。为什么呢？须菩提！因为一切诸佛，及成佛的无上正等正觉菩提法，皆从此经缘生的。所以才说般若是诸佛之母。须菩提！但要注意般若并非佛法。意思就是本来就没有佛法可言，不过藉之以开悟众生，替它取名为佛法而已。所以，所谓的佛法，就不是佛法。

一相无相①分第九

【题解】本分叙述所谓"般若实相"，非有相非无相，非一非异相，离一切相，即是实相。佛陀藉声闻四果为喻，破除有惑可断，有果可证的妄念。

"须菩提！于意云何？须陀洹②能作是念，我得须陀洹果不？"须菩提言："不也，世尊！何以故？须陀洹名为入流，而无所入；不入色、声、香、味、触、法，是名须陀洹。""须菩提！于意云何？斯陀含③能作是念，我得斯陀含果不？"须菩提言："不也，世尊！何以故？斯陀含名一往来，而实无往来，是名斯陀含。""须菩提！于意云何？阿那含④能作是念，我得阿那含果不？"须菩提言："不也，世尊！何以故？阿那含名为不来，而实无不来，是故名阿那含。""须菩提！于意云何？阿罗汉⑤能作是念，我得阿罗汉道不？"须菩提言："不也，世尊！何以故？实无有法名阿罗汉。世尊！若阿罗汉作是念，我得阿罗汉道，即为着我、人、众生、寿者。世尊！佛说我得无诤⑥三味⑦，人中最为第一，是第一离欲阿罗汉。世尊！我不作是念：‘我是离欲阿罗汉。’世尊！我若作是念，我得阿罗汉道，世尊则不说须菩提是乐⑧阿兰那⑨行者，以须菩提实无所行，而名须菩提，是乐阿兰那行。"

【注释】①一相无相：般若实相，非一相，非异相；非有相，非无相；非非无相，非非有相；非非一相，非非异相；非有无俱相，非一异俱相。离一切相，即是一切法；凡所有相，皆是虚妄的。

②须陀洹：梵语。是四圣果的初果，于此经中名为入流，意思是说见四圣谛之后就能入于圣人之列。洹音丸。

③斯陀含：梵语。是四圣果的第二果，为一往来的意思，就是再来人间受生一次的意思。（按小乘法：欲界分九品思惑，须七次往返生死方能破之。而六次往返生死，算是破了六品思惑；还须往返人间一次，破除最后三品余惑，是为二果体。）

④阿那含：梵语。是四圣果的第三果，不再来的意思，也就是已断尽九品思惑。即已断尽欲界的所有迷惑烦恼，就没有受生之因，所以称之为不来。

⑤阿罗汉：梵语。是四圣果的极果，无生的意思，就是不生不灭，已超出六道轮回，永离三界一切生死。其缘起是性空的、无相的、无自性的。

⑥无诤：诤者，就是分别知见。远离一切着相、取相的分别，叫做无诤。

⑦三昧：梵语。等持的意思。常能远离一切是非，契合真理，已到奥妙之处。

⑧乐：爱好。乐音要。

⑨阿兰那：梵语。无喧闹、寂静的意思。那音诺。

【译文】佛说:"须菩提!你认为当人修得须陀洹果时,是否有'我已证得须陀洹果'这样的心念呢?"须菩提回答说:"不会,世尊!初得圣果的人,不会起这样的心念。为什么呢?因为须陀洹的意思虽称为入流却无所入,因其不入色、声、香、味、触、法,所以才称为须陀洹。"佛又说:"须菩提!你认为当人修得斯陀含果时,会有'我已证得斯陀含果位'的心念吗?"须菩提回答说:"不会,世尊!修得第二圣果的人,不会起这样的心念。为什么呢?因为斯陀含的心境,已达于至静之处,虽然当时的修行还是一生一灭,所以称之为一往来,实际上已无第二个生灭,心不着生灭之相,所以实无往来。"佛又说:"须菩提!你认为当人修得阿那含果时,会有'我已证得阿那含果'的心念吗?"须菩提回答说:"不会,世尊!修得第三圣果的人,不会起这样的心念。为什么呢?因为阿那含,心空无我,已断尘识思惑,六尘四相,一一证空,而无不来之相。所以阿那含意思虽称为不来,其实是永不来欲界受生的意思。"佛又说:"须菩提!你认为当人修得阿罗汉果时,会有'我已证得阿罗汉果'的心念吗?"须菩提回答说:"不会,世尊!修行第四圣果的人,不会起这样的心念。为什么呢?因为阿罗汉已心空相俱灭。既无得道之念,也没有得果之念,不再感受未来的生死,并不是另外有个实在的自性法,可以称之为阿罗汉。如果阿罗汉自念得道,即着四相,就不能叫做阿罗汉了。世尊!您曾经说我远离一切着相、取相的分别,远离一切是非,契合真理,已到奥妙之处。在诸弟子中,赞许我为解空第一。是第一个脱尽人我,断绝此念的离欲阿罗汉。世尊!我虽蒙师父您如此的称赞,我确实没有得阿罗汉果的念头。世尊!我若有得阿罗汉果的念头，便是生了妄念，又如何能得到六欲皆空的阿罗汉果。如果是这样，您就不会说我是好寂静的阿兰那行者。因为我心原无所得，亦无所行，本分上一尘不染，只以此假名须菩提而已，所以师父您才称赞我是好寂静的行者。"

庄严净土^①分第十

【题解】第九分言四果无可得，此分则云圣果亦无可得；若是有得，皆是住相。凡夫总以为，四果既无所得，为何有四果之名？圣果若无所得，又何以有圣果的名称？这都是犯了住相的毛病。要知道，圣贤的名称，都是假名、有为法。所以，般若即要处处破这些有执，唯恐凡夫贪爱有为法，被假名所蒙蔽。所谓"庄严净土"，并非就是凡夫眼中所见的色相庄严，而是指那无形无相的法性庄严。

佛告须菩提："于意云何？如来昔^②在然灯佛^③所，于法有所得不？""不也，世尊！如来在然灯佛所，于法实无所得。""须菩提！于意云何，菩萨庄严佛土不？""不也，世尊！何以故？庄严佛土者，即非庄严，是名庄严。""是故，须菩提！诸菩萨摩诃萨，应如是生清净心，不应住色生心，不应住声、香、味、触、法生心，应无所住而生其心。须菩提！譬如有人，身如须弥山王^④，于意云何？是身为大不？"须菩提言："甚大，世尊！何以故？佛说非身^⑤，是名大身。"

【注释】①庄严净土：并非凡夫所见的色相庄严；说的是非相法身、无形真土，无形质可取、无色相可观的法性庄严。

②昔：从前，于此指如来的前世。

③然灯佛：世尊于前世修行菩萨道时，当时名为善慧，正是修行第二阿僧祇劫，出家于雪山南，行将届满之际，辞师还家。经过莲花国，听说有然灯佛在说法，发心欲往亲闻。当时佛刚好要入城，善慧见佛威仪，对佛生起高度的敬信，随佛行住。可是进城的路上，有一处泥泞之地，善慧恐怕佛经过时，会弄污了佛的双足，于是以皮衣覆地，至于衣服遮盖不到的地方，则亲伏在地上，并散开自己的头发掩盖污泥，以让佛陀经过。并默念说："愿佛踏我身过，授我成佛之记，不蒙记莂，我终不起。"然灯佛知道他已经信证法性，所以履身而过后，为其授记说："是后九十一劫，名为贤劫，汝当作佛，号释迦文如来。"（按：佛家作诗曰偈，作文曰莂，莂音别。）

④须弥山王：须弥山高广三百三十六万里，为众山之王。以之比喻人身的高大。

⑤非身：身在印度话叫做"伽耶"，乃是和合积聚的意思。凡是和合积聚的，必然是从缘而起的。凡是缘起，必然是无自性的，所以称之为非身。

【译文】佛说："须菩提！你认为以前我在与然灯佛会晤时，从他那儿有没有得法呢？"须菩提回答说："没有，世尊！您在与然灯佛会晤时，是自修自悟，于法实无所得。"佛又说："须菩提！你认为菩萨发心从事庄严佛土，是不是真的有佛土可庄严呢？"须菩提回答说："不是，世尊！为什么呢？因为您所说的庄严，不是形相庄严，不过假藉庄严之名而已。"佛又说："就因为如此，须菩提！所以诸菩萨、摩诃萨应该像这样一心不乱，生清净心，不可执着在色声香味触法之上生意念。否则便受六尘所蒙蔽、所束缚，妄念旋起，怎么能清净呢？应还原本来清净之心，使之无所住着。须菩提！譬如有人，其身如须弥山王，你认为他的身形是否很大？"须菩提回答说："非常大。世尊！但是此人身形虽大，不能称为大身。为什么呢？因为他的身形再大，也是有生有灭，终受轮回。而您前面说的非相法身，乃是清净本心，是真法身，此心包括太虚，周藏法界，无相无住，岂是须弥山所能比量的？这只不过假藉一个名，称之为大身而已。"

无为福胜[①]分第十一

【题解】所谓的"福德"，有两种：一是有为的福德，一是无为的福德。有为的福德，是有限量的，多作善事即多增福德，少作善事即少增福德，所谓种如是因，即得如是果。无为福德，并不一定要有何造作，乃是本性自具，不假修证，是称量法界，周遍虚空。用财宝布施，所获得的，就是有为的福德；受持本经，体悟般若无住真理，就是无为的福德。本分要说明的就是无为福德胜过有为福德的道理，故曰"无为福胜"。

"须菩提！如恒河[②]中所有沙数，如是沙等恒河，于意云何？是诸恒河沙，宁为多不？"须菩提言："甚多，世尊！但诸恒河，尚多无数，何况其沙？""须菩提！我今实言告汝，若有善男子、善女人，以七宝满尔[③]所恒河沙数三千大千世界，以用布施，得福多不？"须菩提言："甚多，世尊！"佛告须菩提："若善男子、善女人，于此经中，乃至受持四句偈等，为他人说，而此福德，胜前福德。"

【注释】①无为福胜：凡以有为法布施，所得的福报，是有时尽的；若以无为法布施，所得福报，是无尽无量的。真无为就是有为而不住；所以菩萨之布施，不住无为，不尽有为，才是真正的无为福胜。

②恒河：是印度的五大河之一，西北源起于喜马拉雅山，向东流入孟加拉湾，为当时印度文化中心。故在佛经中，佛常例举恒河或恒河沙为比喻。

③尔：如此。

【译文】佛说："须菩提！如用恒河中所有的沙数来作比喻，以一粒沙比喻一条恒河，那么所有恒河内的所有沙，难道你认为不多吗？"须菩提回答说："非常多，世尊！以一沙各代表一恒河，河尚且就有无数多，何况是所有河中的所有沙呢？"佛又说："须菩提！我实在告诉你，若有善男子或善女人，以一粒沙当作一个世界，用充满如恒河沙数那么多的三千大千世界的七宝来布施，那他所得的福德多不多？"须菩提回答说："当然很多，世尊！"佛又告诉须菩提说："若有善男子或善女子，为他人说及此经，甚至只是受持四句偈、四句等，而这个法施所得的福德又胜过前面用七宝布施所得的福德。"

尊重正教①分第十二

【题解】正教者，如来说般若时的教法也。第十一分说明无为福德更胜于有为福德，现在更进一步说明宝物布施的福德，不如持经的福德，并推崇对持经的尊重。因为般若甚深微妙法，是三世诸佛之母。所以，经典所在之处，即应恭敬尊重，有如佛在。

复次："须菩提！随说②是经，乃至四句偈等，当知此处，一切世间天、人、阿修罗③，皆应供养，如佛塔庙④。何况有人尽能受持、读诵⑤。须菩提！当知是人成就最上第一希有之法。若是经典所在之处，即为有佛，若尊重弟子。"

【注释】①尊重正教：如来说法四十九年，曾五度说教。初时说华严大乘，二时说小乘四谛法，三时说楞严，四时说般若，五时说法华。现今所说正教，就是如来说般若时的正教。尊重正教的意思，是说诸佛菩萨，皆出自此经，且因般若为诸佛之母，受持读诵的功德甚多，由此可知此经的宝贵及重要。

②随说：可分六种解说：1. 不论是僧是俗，不论是凡是圣，都可以为人解说经典，是为随说人。2. 不论经文多寡，不论章句前后，都可以取而为人

解说，是为随说经。3. 不论事说理说，不论粗说精说，都可以分别其义，是为随说义。4. 不论城市山林，不论水边树下，到处都可说经，是为随说处。5. 不论是昼是夜，不论时间长短，随时随刻而说，是为随说时。6. 不论多人一人，不论利根钝根，一遇机缘即说，是为随说机。

③阿修罗：鬼神的一种，为六道之一。（按：六道轮回，是指天道、人道、阿修罗道、地狱道、饿鬼道、畜生道。）

④塔庙：即是灵庙，是古印度的一种建筑物。凡有德的人死后，为之建塔，以表示敬仰，此指佛塔。

⑤读诵：对文曰读，背文曰诵。读诵就是口能熟其文，心能解其义的意思。

【译文】佛再进一步的说："须菩提！若有人随便在什么时间，什么地方，演说此经，甚至只说四句偈、四句等，使那些听到说经的人，消除妄念。应该知道，一切世间的天、人、鬼神等对于此处，皆应恭敬供养，作礼散花，如供养佛的塔庙一般。何况是能完全受持读诵般若经典的人，当然是格外值得尊敬了。须菩提！你可知这种人就是成就世上第一希有的无上菩提法。因般若能趋于无上菩提，世间没有一法可与般若相比的，正因为如此，所以若是般若经典所在之处，即如有佛在，亦要宛如对佛弟子一样的尊重。"

如法受持^①分第十三

【题解】法者，般若之妙法也。就是依般若之法而信受奉持，先由多闻而求解，由解而行，由行而证。受持般若，则诸法皆具足。须菩提已深深领悟般若妙理，认为此经不仅限于弟子们受持而已，且具有流通将来世界的价值。所以，至此请示佛陀总结经名，以便于后人受持奉行。

尔时，须菩提白佛言："世尊！当何名此经？我等云何奉持？"佛告须菩提："是经名为'金刚般若波罗蜜'，以是名字，汝当奉持，所以者何？须菩提！佛说般若波罗蜜，即非般若波罗蜜，是名般若波罗蜜。须菩提！于意云何？如来有所说法不？"须菩提白佛言："世尊！如来无所说^②。""须菩提！于意云何？三千大千世界所有微尘，是为多不？"须菩提言："甚多，世尊！""须菩提！诸微尘，如来说非微尘，是名微尘。如来说世界非世界，是名世界。须菩提！于意云何？可以三十二相^③见如来不？""不也，世尊！不可以三十二相得见如来，何以故？

如来说三十二相，即是非相，是名三十二相。""须菩提！若有善男子、善女人，以恒河沙等身命布施，若复有人，于此经中，乃至受持四句偈等，为他人说，其福甚多！"

【注释】①如法受持：是依法而修的意思。此乃专指般若之妙法而言。

②如来无所说：《传心法要》云："佛说一切法，为除一切心；若无一切心，何用一切法。"既无法，哪里来的经？没有经，又如何说呢？

③三十二相：如来具容貌相十二种，身体相十种，手足相十种，此三十二相都是因缘假合，为如来导化众生的假相。凡夫不加明察，以为这就是佛，因而不了解诸法实相，触处偏计妄执，永远不得见如来。

【译文】那个时候，须菩提对佛禀白说："世尊！此经应该取一个什么名字？我们应该怎样受持奉行此经呢？"佛就告诉须菩提说："此经就取名为"金刚般若波罗蜜"，依此名，你们应当依法奉持。为什么取这个名字呢？须菩提！我所说的般若波罗蜜，是妙觉本性，空如太虚。本体既然是虚无，哪里还会有什么名字？不过恐怕人生断见，不得已勉强取个'金刚般若波罗蜜'的名称，为便于众弟子奉持而已。须菩提！你认为我对此有所说法吗？"须菩提回答说："世尊！般若是在于自性自悟，既无可名之名，我师父就无所说。"佛又说："须菩提！你认为三千大千世界里所有的微尘多不多？"须菩提回答说："甚多，世尊！"佛又说："须菩提！微尘虽多，但皆无自性，悉假因缘而有。凡是因缘的，必然是空的，所以因其原无实性，所以说是非微尘，只不过假借个名，称为微尘而已。同样的道理，我说世界虽大，然一切劫尽则坏，也是虚空不实的，只不过假借个名，称为世界而已。"佛又说："须菩提！你认为可以以三十二相见如来吗？"

须菩提回答说：“不可以，世尊！不可以三十二相见如来。为什么呢？因为您所说的三十二相，是属于因缘假合，亦即随着众生的妄心所现的假相，根本没有它的实在自相可得，也是假借个名称为三十二相而已。”佛又再提醒说：“须菩提！若有善男子或善女人，以相等恒河沙的身体和生命来布施以求福德，又有另一种人，演说此经，甚至只说四句偈、四句等，他持经布施所得的福，还是比前面说的舍身布施的福更多了。”

离相寂灭①分第十四

【题解】离相者，离一切幻相也。世间一切相，皆是幻化之相。凡夫不知这个幻相是虚而不实，所以执著取舍，处处为幻相所惑。若能识破幻相非相，则外尘不入，真性便能呈现，所谓生灭灭已，寂灭现前者也。

　　尔时，须菩提闻说是经，深解义趣②，涕泪悲泣，而白佛言："希有！世尊。佛说如是甚深经典，我从昔来所得慧眼③，未曾得闻如是之经。世尊！若复有人，得闻是经，信心清净，即生实相。当知是人成就第一希有功德。世尊！是实相者，即是非相，是故如来说名实相。世尊！我今得闻如是经典，信解④受持不足为难，若当来世后五百岁，其有众生得闻是经，信解受持，是人则为第一希有。何以故？此人无我相、无人相、无众生相、无寿者相。所以者何？我相即是非相；人相、众生相、寿者相即是非相。何以故？离一切诸相，即名诸佛。"
佛告须菩提："如是⑤，如是！若复有人，得闻是经，不惊⑥、不怖^⑦、不畏^⑧，当知是人，甚为希有。何以故？须菩提！如来说第一波罗蜜^⑨，即非第一波罗蜜，是名第一波罗蜜。须菩提！忍辱^⑩波罗蜜，如来说非忍辱波罗蜜，是名忍辱波罗蜜。何以故？须菩提！如我昔为歌利王^⑪割截身体，我于尔时，无我相、无人相、无众生相、无寿者相。何以故？我于往昔节节支解时，若有我相、人相、众生相、寿者相，应生嗔^⑫恨。须菩提！又念过去于五百世，作忍辱仙人^⑬，于尔所世，无我相、无人相、无众生相、无寿者相。是故，须菩提！菩萨应离一切相，发阿耨多罗三藐三菩提心，不应住色生心，不应住声、香、味、触、法生心，应生无所住心。若心有住，即为非住。是故佛说菩萨心，不应住色布施。须菩提！菩萨为利益一切众生故，应如是布施。如来说一切诸相，即是非相；又说一切众生，即非众生。须菩提！如来是真语者、实语者、如语^⑭者、不诳语^⑮者、不异语者。须菩提！如来所得法，此法无实无虚。须菩提！若菩萨心住于法而行布施，如人入暗，则无所见。若菩萨心不住法而行布施，如人有目，日光明照，见种种色。须菩提！当来之世，若有善男子、善女人，能于此经受持、读诵，则为如来以佛智慧，悉知是人，悉见是人，皆得成就无量无边功德。"

【注释】①离相寂灭：离一切幻相的意思。世间一切相，都是幻化之相，凡夫却执着于取舍而生妄心，而妄境又时时薰妄心，真性为外尘相所遮蔽，终日为环境所转，因起惑而造业，因造业而受苦，长劫轮回，永无休止。

若能离相，则无执着取舍，内心不出、外尘不入、动静不生，则趋寂灭。

②义趣：义理旨趣。

③慧眼：就是照见真空无相的智慧，亦即知诸法如实相的智慧。

④信解：心无所疑，了然领悟的意思。

⑤如是：赞可的意思，因其言深合佛理的缘故。

⑥惊：骇其言之过也。

⑦怖：恐其道之高也。

⑧畏：怯其行之难也。

⑨第一波罗蜜：指六波罗蜜之首，智慧也。

⑩忍辱：内心的包容谓之忍；外境遭的横逆谓之辱。佛的教法中，忍辱分三种：一曰生忍，即要忍受外人对我的无礼相加；二曰法忍，菩萨所行一切度生之事，永不生疲倦厌烦之心；三曰无生法忍，是不见生忍、不见法忍、忍知不生不灭的真法性。（忍辱为第四波罗蜜。）

⑪歌利王：歌利是梵语，极恶的意思。歌利王就是暴君的意思。此事在《涅槃经》中，有详细的叙述如下：佛在前世行菩萨道时，生在南天竺国富单那城的婆罗门家，当时的国王叫做迦罗富，生性残暴。当时的佛为度化众生，常在城外讲道。一天，迦罗富王带了很多宫女出城游玩，迦罗富玩累了后竟睡着了，于是同行的宫女趁这个机会到处游玩，走到佛讲道的地方，佛看他们只知享乐，别无所知，有心为他们宣说法要。到了迦罗富王醒来，发现左右没一人，于是执剑四处寻找，终于发现宫女们围着一个仙人在听讲道。迦罗富很气忿地走到佛的跟前，问道："你是什么人？"佛回答说："我是学佛道的人。""你既是学佛道的人，是否已得阿罗汉果？""不瞒大王，我还没有证得阿罗汉果。""那么是否已得阿那含果？""说来惭愧，也还没有证得阿那含果。"迦罗富很生气的说："你既未证得四果、三果，显然是一个没有离欲的人，怎么可以恣情地看我的宫女？"佛回答说："大王！我虽是没有离欲的人，但在我的内心，实在没有一点爱欲之念。""我很难相信你的话，因

我见到世间很多修苦行的人，见色尚且不免生起贪欲，现在你的年龄又轻，又没有离欲，怎能做到见色不贪呢？""对于女色，生不生起贪念，问题不在修苦行，而是在系念无常不净。""你这样说，简直是自赞毁他，怎么可以称为修持净戒呢？""当知所谓戒者，不是别的，而是要在于能忍。""能忍称之为戒，那我现在割你的耳朵，看你能不能忍，如果能忍的话，那就证明你是能持戒的人。"说完就割下佛的耳朵。在那个时候，佛的耳朵虽然被割，但是容颜不变，随行的大臣看到这种情形，不自禁的对大王说："像这样的大士，是不应该加以伤害的。"国王怒道："我可看不出他像个大士，我倒还要试试他，不但要割他的鼻子，并且还要支解他的手足以及整个身体。"说完立刻去支解，而佛在那时已修习慈悲，愍念众生，所以心无嗔恨。可是迦罗富仍不相信，说道："你说内心不嗔恨，要如何证明呢？"佛即起而立誓道："如果我是真的没有嗔恨的话，那我这个已被支解的身体，立即恢复原来的样子。"说也奇怪，佛发了誓之后，身体果真立刻恢复原形。因此，当时的佛更发愿道："愿我来世得菩提时，第一个要救度的就是你，大王！"果真后来如来成佛时，首先救度的憍陈如，就是过去的歌利王迦罗富。

⑫嗔：盛怒的意思。

⑬忍辱仙人：佛经所称的仙人，乃是通指一切修行的人。如来佛在前五百世为仙人，修学菩萨道时，常忍辱妙行，牺牲生命布施，无计其数，时人称之为忍辱仙人。

⑭如语：不变之语。如者，如常不变的意思。

⑮诳语：欺人的言语。诳者，欺骗的意思。

【译文】那时，须菩提听如来佛说到这里，心中已经深悟佛理旨趣，颇为感动的流下泪来。不禁向如来佛赞叹了一声："太希有啦世尊！您所说这个深奥的经典，即使在从前，我虽具有慧眼，也能一闻千悟，却是未曾听得如此深奥的经。如果有人，得闻此经，而信心纯正清净，毫无尘念，而生般若真实之相，就可知道这种人，是非常难得，是成就第一希有功德的人。但是，世尊！究竟这般若实相，就是诸法空相，不是一般所说实物，但为引导众生离开执着而找回本心，不得不假借一个名，称之为实相而已。世尊，此经我听到这里，已能了解其中的妙理，信奉修持，应该不是难事。倘若后世过五百年之后，是浊世末法的时候，离开师父您的时期已远，那时的苦海茫茫众生，听到此经而能信解受持的人，则此人真的是非常稀有难得的，实在难得。为什么呢？因为这个人顿悟真空，必无我相、人相、众生相、寿者相，为什么这样呢？因为他已经了悟我相即是非相，人相、众生相、寿者相也是非相，所以能够离一切相，其心灭寂，就可以称之为佛。"佛告诉须菩提说："对的！你这样说是对的。当知后世如果有人，听到般若之妙法而不惊骇、不恐怖、不畏惧，这种人实在是很少有的。为什么呢？须菩提！这就是我所谓的第一波罗蜜，此人的智慧已到彼岸了。不过修持的人却不可以对彼岸有所执着，不过为了要引导众生修持，特别给予一个名称，称之为第一波罗蜜而已。须菩提！再说到忍辱波罗蜜，凡辱境之来，恬然处之，不生忿怒即是忍辱波罗蜜，但真空本来无相，外不见其辱，内不见其忍，浑然两忘，切勿执着于忍辱，所以我说非忍辱波罗蜜，只是为便于众生修持，特别给予一个名称，称之为忍辱波罗蜜。为什么呢？须菩提！就好比我的前生被歌利王支解身体的时候，确实无我相、人相、众生相、寿者相，否则当时我在被支解时，如果着有四相，必定心生忿恨，必成苦果。须菩提，我又想起过去的前五百世，做忍辱仙人修忍辱之行时，就已离我、人、众生、寿者四相。由历劫顿悟真空，可知吾人所修行的，决不是一朝一夕所形成的。所以说，须菩提！菩萨之修行，首当空其心，离一切相，方能发无上正等正觉的菩提心。此心中不执着于色，不执着于声、香、味、触、法，应生无所住心，此心才能圆通无碍。若于六尘中，一有执着，便不能解脱其心，即非菩萨的住处，所以我说，菩萨心本来是虚而明，若住于六尘就不能觉悟，我所谓的不应住色布施，原因就在于此。须菩提！菩萨发心广大，不是为己，是为有利于一切众生，应该要如此无相布施。而我所说的一切诸相，原是指点诸菩萨解脱的，其实真实的本体皆是空的，原是非相。而一切众生，也是引导诸菩萨灭度而已，其实若见本性，妄心自离而入佛境，那么一切众生也就不是众生了。须菩提！我所说的般若波罗蜜，皆是无上的菩提，是真而不妄、实而不虚、如常不变，不是欺人的，也没有两种说法。须菩提！我所说的般若之法，是真如无相、无实性；是自性自足、无虚的。须菩提！如果菩萨是一心执着于法而行布施，则是未离四相，有如人进入暗室，一无所见。如果菩萨心不执着于法而行布施，则如同人张开眼时，日光四照，见种种色；其心洞澈真空，可了一切之境。须菩提！当我灭后，到了后世，若有善男子或善女人，能于此经，受持读诵，我必以无上智慧照鉴这种人，知道这种人一定能够成就无量无边的功德。"

持经功德①分第十五

【**题解**】持经功德者，意即是"受持此经，功德无量"之谓也。第十四分说的是忍辱舍身，皆是在破我执；我执破后，更须悟般若真理，进而持经受典，彻悟我、法二空。若能如此，则得法性功德，即是不可思议。

"须菩提！若有善男子、善女人，初日分②以恒河沙等身布施；中日分③复以恒河沙等身布施；后日分④亦以恒河沙等身布施，如是无量百千万亿劫，以身布施。若复有人，闻此经典，信心不逆，其福胜彼。何况书写、受持、读诵、为人解说。须菩提！以要言之，是经有不可思议、不可称量，无边功德，如来为发大乘⑤者说，为发最上乘⑥者说，若有人能受持、读诵、广为人说，如来悉知是人、悉见是人，皆得成就不可量、不可称、无有边、不可思议功德。如是人等，则为荷担⑦如来阿耨多罗三藐三菩提。何以故？须菩提！若乐小法⑧者，著我见、人见、众生见、寿者见，则于此经不能听受、读诵、为人解说。须菩提！在在处处，若有此经，一切世间天、人、阿修罗所应供养，当知此处则为是塔⑨，皆应恭敬，作礼围绕⑩，以诸华⑪香而散其处。"

【注释】①持经功德：十四分说的忍辱舍身是属于破我执。但若能忍辱舍身，又能受持经典，并能彻悟二执之非，则所得法性的功德，是不可思量的。

②初日分：梵语。早晨的意思。

③中日分：梵语。中午的意思。

④后日分：梵语。晚上的意思。

⑤大乘：又作上衍、上乘、胜乘、第一等。指不以个人觉悟为满足，而以救度众生为目的，一如巨大之交通工具，可承载众人，故称为大乘。以此为宗旨的佛教，即是大乘佛教。

⑥最上乘：形容菩萨所修行所证果的法门至高无上，而以成佛为其究竟目的，亦即通常所谓的"殊胜大"。

⑦荷担：荷是背在背上；担是担在肩上。此云担任如来无上菩提正法。

⑧小法：小乘法。

⑨塔：即指佛塔。

⑩作礼围绕：佛在世时，弟子来见佛，都绕佛一匝或三匝，然后至诚顶礼，以示恭敬。

⑪华：花也。在家佛弟子，每带香花来供佛。供佛如此，供奉塔也如此。

【译文】佛说："须菩提！若有善男子或善女人，于一日之间，早晨以相当于恒河沙数的身命布施，中午又以相当于恒河沙数的身命布施，晚上也以相当于恒河沙数的身命布施。如此经百千万亿劫之久，一日三次皆如此布施，自当得布施之福。如果又有人听说此经，

而能笃信不违逆，那么他所得的福德则胜过前面说的以身命布施的
人。更何况是手书口诵，为人解说此经的意义，不但明自性，还要使
人人见性，善根纯熟，其所得的福德之无量，更不用说了。须菩提！
简而言之，因为此经所得的福德不以心思口议，不可以多少称量，实
是无边际的功德。而此经在于让我们妙用本性，所以我为启发发
大乘心的人，说明此真空之妙；为启发发最上乘心的人，说明此般
若之法。如有大慧根的人，持此大乘经典，广为人阐发妙旨，印契佛
旨，所成就之功德，我全部知道，也全都看得到。这种人既能成就
此功德，就足以能担任如来无上菩提正法。这就是为什么喜好小乘
法的人，局于妄心，不免执着于我、人、众生、寿者等私见，对此大
乘、最上乘法，不能理解，不能听受读诵，更不能为人解说此经。须
菩提！无论是什么人，在什么地方，讲解此经，那么天、人、鬼神都
会齐来护卫法身，皆来供养。当知此经所在之处，即等于是有佛塔的
地方，皆应尊敬法身，作礼围绕，并带香花来此处供奉。"

能净业障^①分第十六

【题解】所谓业障，或是宿业，或是现业，皆可障蔽真如自性，在六道轮回之中，生灭无已，没有休止。若能受持读诵般若甚深妙理，洞知一切皆是幻相，皆是虚妄，则不再随境转业，而能境随人转了。深入般若，虚妄净尽，故曰能净业障。

复次："须菩提！善男子、善女人，受持、读诵此经，若为人轻贱，是人先世^②罪业，应堕恶道。以今世人轻贱故，先世罪业，则为消灭，当得阿耨多罗三藐三菩提。须菩提！我念过去无量阿僧祇^③劫，于然灯佛前，得值^④八百四千万亿那由他^⑤诸佛，悉皆供养承事，无空过者。若复有人，于后末世，能受持、读诵此经，所得功德，于我所供养诸佛功德，百分不及一，千万亿分，乃至算数譬喻所不能及。须菩提！若善男子、善女人，于后末世，有受持、读诵此经，所得功德，我若具说^⑥者，或有人闻，心即狂乱，狐疑不信。须菩提！当知是经义不可思议，果报亦不可思议。"

【注释】①能净业障：业障分宿业和现业两种。宿业是前世所造之业，遇缘即发生，六道转还，没有休止；然众生之业，本属虚妄，只因众生受妄境所惑，所以既造虚妄之因，即受虚妄之苦。若有众生受持读诵此经，深入般若，知道一切都是幻相，五蕴本空，六尘非有，不为物转，而能转物，则一切虚妄净尽，故曰：惟般若能净业障。

②先世：即指其人的前世。

③阿僧祇：梵语。无数量个的意思。祇音奇。

④值：遇到的意思。

⑤那由他：梵语。一亿的数量。那音诺，他音讬。

⑥具说：详细说明。

【译文】佛再进一步说明："须菩提！若有善男子或善女人，受持读诵此经，不但不得天人恭敬，却被人轻贱，为什么呢？是因为他在前世所种的罪业，来世应该堕入地狱、恶鬼、畜生三恶道中，受尽苦难。而今以持经功德，减轻他的罪业，其被人轻贱，就可以相抵消。不过他渐渐修持，因除果现，罪灭福生，依然可得无上正等正觉。须菩提！我想到前世，历经了无数无量的劫数。在未遇然灯佛前，曾供养无数量佛，且尊重每一位佛都一样，无一不全心全意地供养。如果后人持诵此经，见自本性，永离轮回，他持经所得的功德，比我以前供佛的功德，还胜过无数倍。须菩提！若善男子或善女人于后末世，受持读诵此经，必得无量之功德。此功德我只是约略而言，我如果要详细说明，则其多有如恒河沙数说不尽，恐怕慧眼浅的人，大则狂乱，小则狐疑，反以为我所说的为滑稽之谈。须菩提！当知功德，由于经义，应于果报。经义甚深，不可推测；果报甚重，不可思议。"

究竟无我①分第十七

【题解】至第十六分为止，须菩提对于"云何应住"、"云何降
伏其心"的道理，已然了悟于心，但唯恐诸弟子们粗尘已遣，细惑难
去。因此，此分以下，再次启请佛陀终究"住"、"降"之意，以去微
细无明。所以，佛陀亦以己身上事示之，使知人空、法空，究竟无我
之妙理。

尔时，须菩提白佛言："世尊！善男子、善女人，发阿耨多
罗三藐三菩提心，云何应住？云何降伏其心？"佛告须菩提：
"善男子、善女人，发阿耨多罗三藐三菩提心者，当生如是
心，我应灭度一切众生；灭度一切众生已，而无有一众生实灭
度者，何以故？须菩提！若菩萨有我相、人相、众生相、寿者
相，则非菩萨。所以者何？须菩提！实无有法，发阿耨多罗三
藐三菩提心者。须菩提！于意云何？如来于然灯佛所，有法得
阿耨多罗三藐三菩提不？""不也，世尊！如我解佛所说义，
佛于然灯佛所，无有法得阿耨多罗三藐三菩提。"佛言："如

是! 如是! 须菩提! 实无有法, 如来得阿耨多罗三藐三菩提。须菩提! 若有法如来得阿耨多罗三藐三菩提者, 然灯佛则不与我授记^②: '汝于来世, 当得作佛, 号释迦牟尼^③。'以实无有法得阿耨多罗三藐三菩提, 是故然灯佛与我授记, 作是言: '汝于来世, 当得作佛, 号释迦牟尼。'何以故? 如来者, 即诸法如义, 若有人言: 如来得阿耨多罗三藐三菩提, 须菩提! 实无有法, 佛得阿耨多罗三藐三菩提。须菩提! 如来所得阿耨多罗三藐三菩提, 于是中无实无虚。是故如来说一切法, 皆是佛法。须菩提! 所言一切法者, 即非一切法, 是故名一切法。须菩提! 譬如人身长大。"须菩提言: "世尊! 如来说人身长大, 即为非大身, 是名大身。""须菩提! 菩萨亦如是。若作是言: '我当灭度无量众生。'则不名菩萨。何以故? 须菩提! 实无有法, 名为菩萨。是故佛说: '一切法, 无我、无人、无众生、无寿者。'须菩提! 若菩萨作是言: '我当庄严佛土。'是不名菩萨。何以故? 如来说庄严佛土者, 即非庄严, 是名庄严。须菩提! 若菩萨通达无我法者, 如来说名真是菩萨。"

【注释】①究竟无我: 佛以自己本身作比喻, 使人了解人空法空, 究竟无我的意思。因为既然要发菩提心, 就不至于离一切相, 因此发心就难以安住降伏, 所以佛说要彻底的无我, 发菩提心与离一切相就能相并行。

②授记: 佛教语, 佛对菩萨等悬记其将来必当作佛, 谓之授记。

③释迦牟尼: 梵语。释迦是能仁之意, 牟尼是寂默之意。佛教创始人。

【译文】那时, 须菩提当机禀白佛说: "世尊, 善男子或善女人已发菩提心的人，如何能常保持菩提心？又如何能降伏妄念呢？"
佛告诉须菩提说："善男子善女人，发阿耨多罗三藐三菩提心者，应
该生起这样的心志，我应该度化一切众生，如此灭度一切众生后，
而没有灭度任何一个众生的念头。为什么呢？因为学道的菩萨，若存
有灭度众生之心，则尚存有四相，就不能被称为菩萨。这又是为什
么呢？须菩提！原因就是性本空寂，发此心的人，不过是自修自悟
而成，而在真性中，实在没有发菩提心之法。"佛又说："须菩提！你
认为我在遇见然灯佛时，有没有从他那儿学得菩提心法？"须菩提
回答说："没有，世尊！没有法可得菩提心，因为菩提心完全是自性
自悟，虽在然灯佛所，也是无法可得菩提心法。"佛说："是的，须菩
提！诚如你所说的，实在无法可得无上正等正觉的菩提心。须菩提！
如果说有方法可得菩提心的法，那么然灯佛就不会为我授记：你在
未来世必定成佛，名号称之为释迦牟尼。正因为没有法使我得到无
上正等正觉，所以燃灯佛才会为我授记，并这样说：你在未来世必
当成佛，名号为释迦牟尼。为什么呢？因为如来的意思，就是本性寂
然，不染不着，如其本来，而以释迦牟尼称之，最能合其意。如果有
人说：如来已得无上正等正觉，那就错了。须菩提！就因为实在没有
法可得无上正等正觉。须菩提！我所谓的无上正等正觉，是平等真
如，实相妙法，不可以有形相见，乃是无实无虚，不可以言语形容。
所以我说一切法中，要能自悟真法，只是假借一个名，称之为一切法
而已。须菩提！譬如有个人的身体高而且大，真的是大身吗？"须菩
提回答说："您所说的大身，是有生有灭的，仍是有限量的，如何能
称之为大身？不过假借一个名，称之为大身而已。"佛又说："须菩

提！菩萨也是如此，真如清净才称之为菩萨。而度生本是菩萨分内的事，如果他执着一念，认为他是菩萨，应该灭度一切众生，便有我相的观念，就不能称之为菩萨。为什么呢？因为从发心到度生，没有不是缘成幻成的，实在无法可以得到而使之成为菩萨。所以我说，一切法中没有我相、人相、众生相、寿者相，则一切法自然都是佛法。须菩提！如果菩萨说：我应当庄严整饰佛的刹土，也是着于相，不可称之为菩萨，为什么呢？因为所谓庄严佛土，是没有能庄严的人及能庄严的法，亦即没有实性的庄严佛土可言，只是假借一个名，称之为庄严而已。须菩提！若菩萨能大彻大悟，通达无我、无法，即可以称之为菩萨。"

一体同观^①分第十八

【题解】所谓"一体同观"者，即是"万法归一，更无异观"之意也。故能以一眼摄五眼，一沙摄恒河沙，一世界摄多世界，一心摄众生心。众生与佛，本来无异。众生本有佛性，与佛原来无二无别，只是众生随业迁流，忘失了本体。而佛不为业转，了悟真心。佛知众生为同体，因同体而起灭度无量众生之大悲也。

"须菩提！于意云何？如来有肉眼^②不？""如是，世尊！如来有肉眼。""须菩提！于意云何？如来有天眼^③不？""如是，世尊！如来有天眼。""须菩提！于意云何？如来有慧眼^④不？""如是，世尊！如来有慧眼。""须菩提！于意云何？如来有法眼^⑤不？""如是，世尊！如来有法眼。""须菩提！于意云何？如来有佛眼^⑥不？""如是，世尊！如来有佛眼。""须菩提！于意云何？如恒河中所有沙，佛说是沙不？""如是，世尊！如来说是沙。""须菩提！于意云何？如一恒河中所有沙，有如是沙等恒河，是诸恒河所有沙数佛世界^⑦，如是宁为多不？""甚多，世尊！"佛告须菩提："尔所国土^⑧中，所有众生若干种心⑨，如来悉知。何以故？如来说诸心，皆为非心⑩，是名为心。所以者何？须菩提！过去心不可得⑪，现在心不可得，未来心不可得。”

【注释】①一体同观：是说心、佛、众三者是一体。众生心中皆有佛性，所不同的是众生往返六道，随业所转，惑于妄心，而遗失本体；佛不为业所转，而了悟真心。简而言之，即是说众生本有佛性，与佛本来是没有差别的，佛知众生与之为同体，而起悲心度化之。

②肉眼：凡众生所见形色具足的为肉眼，即吾人血肉之躯所具有的眼睛。

③天眼：凡见大千世界慧性普照，即为天人的眼睛，能见肉眼所不能见的。

④慧眼：凡见自性般若，返观内照，智烛常明者为慧眼。是能通达诸法无我空性。二乘圣贤所见到此为止。

⑤法眼：凡见诸法皆空，了诸法空，洞彻世界为法眼，为菩萨所具有。能见如幻缘起的无量法相，能通一切众生的因果，以种种法门度化众生，所以称之为法眼。

⑥佛眼：凡放大光明，破诸幽暗，真性常照；上自诸天，下至九幽，毫无障碍者为佛眼，以圆见空假不二的中道为其最大特色。

⑦佛世界：沙界众生，亦皆具有佛性，故曰佛世界。

⑧国土：世界。

⑨心：心念。

⑩非心：人之心体，本来虚净。一切妄念，乃由喜、怒、哀、乐、爱、恶、悲、恐中生出，皆非本体之心，故谓之非心。

⑪不可得：本来就没有，无可执着的意思。

【译文】佛说：“须菩提！你认为我具有肉眼吗？”须菩提回答说：“是的，世尊！您具有肉眼。”佛说：“须菩提！你认为我具有天眼吗？"须菩提回答说："是的，世尊！您具有天眼。"佛说："须菩提！你认为我具有慧眼吗？"须菩提回答说："是的，世尊！您具有慧眼。"佛说："须菩提！你认为我具有法眼吗？"须菩提回答说："是的，世尊！您具有法眼。"佛说："须菩提你认为我具有佛眼吗？"须菩提回答说："是的，世尊！您具有佛眼。"佛又说："须菩提！你认为在恒河中所有的沙，我是说它是沙吗？"须菩提回答说："是的，世尊！您说它是沙。"佛说："那么，须菩提！如一恒河中所有的沙，如果以其中一粒沙比作一恒河，再以所有恒河中的所有沙，以一粒沙比作一佛世界，你认为这样的佛世界难道不多吗？"须菩提回答说："非常多，世尊！"佛告诉须菩提说："不必远说到那么多的佛世界，就拿你所处的世界来说，所有众生的心思，随情而迁，逐境而生，种种心思颠倒妄想，我却能以清净的五眼完全看得见，完全知道。为什么呢？因为所有这些心思，皆是众生的妄心，并非本性常住的真心，只是假借一个名，称之为心罢了。这又为什么呢？须菩提！常住的真心是寂然不动的，过去的心思不可滞留，现在的心思不可执着，未来的心思又不可预期，反观内照，则三心总不可得。知其不可得，则清净的般若才会显出，所谓人心净而道心生，此方为菩提真心。"

法界通化^①分第十九

【题解】法界者，十法界也；通化者，是指般若智慧充遍法界，无所不通，无处不化也。第十八分说的是三心不可得，既说心不可得，恐怕众生误会福亦不必修了，所以，此分告知以无福之福，无得之得的妙理。所谓"无福之福"，是虽有布施，而心无所住；"无得之得"，是虽有能所，而不著能所。因为住心布施，皆是有为的功用；不住相布施，方是无为的功用。有为的福，终有了日；无为的福，永无尽时。有为的福，是妄心所行处；无为的福，是真心见性处。此分言，要以三心不可得之无住心为"因"，用七宝作缘，如是布施，才能得福甚多。住心布施，所得的福德是有限的。住相为有漏之因，不能得无漏之果。若能破此执见，即能了悟无福之福，无得之得，此般若妙智，则能通化法界，无量无边。

"须菩提！于意云何？若有人满三千大千世界七宝，以用布施，是人以是因缘，得福多不？""如是，世尊！此人以是因缘，得福甚多。""须菩提！若福德有实，如来不说得福德多，以福德无故，如来说得福德多。"

【注释】①法界通化：是慧充法界，通入化境。是说离相之福即是无福之福。因为无福之福，是虽有布施而忘布施，乃是真心见性，其所得福德永无尽时。而般若之最深处，就是在说福德的无实性；于无我法中，通达无阻，明了真空实际，才是真正通化法界。

【译文】佛说："须菩提！如果有人用充满三千大千世界的七宝来行布施，你认为此人因所播的因缘而得来的福德多不多？"须菩提回答说："是的，世尊！此人以这种布施因缘所得的福德非常多。"佛又说："须菩提！若以有实相的因缘布施，因其心执着于福报，其福报亦因其所施的因缘有限而有尽，所以我说他因此所得的福德不多。如果以无住实相布施，以无求福之心布施，正是无为清净之功德，我说此种福德才是真正的无限。"

离色离相①分第二十

【题解】此分说明如来的圆满报身，有相皆是虚妄，离诸相才能见性，也才能见得如来。

"须菩提！于意云何？佛可以具足②色身③见不？""不也，世尊！如来不应以具足色身见。何以故？如来说具足色身，即非具足色身，是名具足色身。""须菩提！于意云何？如来可以具足诸相④见不？""不也，世尊！如来不应以具足诸相见。何以故？如来说诸相具足，即非具足，是名诸相具足。"

【注释】①离色离相：因色相皆起自妄心，离妄心则通真性。要即相而不住相，离相不落断灭。于相中悟其非相，于色中悟其非色。

②具足：圆满成就，毫无欠亏之意。

③色身：三十二相。

④具足诸相：变化神通，不止三十二相。有一说：法身具足八万四千相，但也不是真的实相。

【译文】佛说："须菩提！你认为所谓的佛陀，可不可以用圆满的色身来观察？"须菩提回答说："不可以，世尊！如来不可以用圆满的色身来观察。为什么呢？因为您所说的具足色身，虽有三十二相，变化神通，但仍是缘起而非实相，只是假借 个名，称之为具足色身。"佛又说："须菩提！你认为我可不可以用圆满具足诸相来观察？"须菩提回答说："不可以，世尊！您不可以用圆满具足诸相来观察。为什么呢？因为您所说的圆满诸相，亦是缘起而无自性的，只是假借一个名，称之为具足诸相而已。"

非说所说①分第二十一

【题解】此经始终要破除人们所执的见相，前分关于佛身的见相已破除，此分更欲深入破除佛语的见相。所以，佛陀一再为众生解粘去缚，破其执见及所知诸障，希望众生能随说随泯，悟入般若妙境。"法无所说，所说非法"的用意，即在于此。佛陀说法，无非是应机而谈，随机而说，众生听声音、看到文字，就以为佛陀在说法。其实，从法身理体之处来看，哪里有可说的法、能说的人？说法者，无法可说，是名说法。无法可说，是因为法本具不可说，法自证不可说，是顺真谛而言；"说法者"，是如来顺俗谛而言；"是名说法"，是如来即俗即真，即空即有，顺中道第一义谛而言。

"须菩提！汝勿谓如来作是念：我当有所说法。莫作是念！何以故？若人言如来有所说法，即为谤佛，不能解我所说故。须菩提！说法者，无法可说，是名说法。"尔时，慧命②须菩提白佛言："世尊！颇有众生，于未来世，闻说是法，生信心不？"佛言："须菩提！彼非众生，非不众生。何以故？须菩提! 众生, 众生者, 如来说非众生, 是名众生。"

【注释】①非说所说: 如来所说之法, 不过是为众生解粘去缚, 究竟无有实法可说。若众生执着于如来有言说, 随语生解或断章取义, 即堕于语言文字之障, 故如来要"非说"。佛之说法, 没有定法可说, 是随众生慧根的大小, 应机而说。所以真正说法的, 是无说无示; 真正听法的, 乃无闻无得。

②慧命: 凡年龄高的, 道德重的, 智慧深的, 戒行净的, 以智慧为生命的, 称为慧命。此乃对须菩提的尊称。

【译文】佛说: "须菩提! 你不要以为我会作这样想: '我当为众生说种种法', 因为我只是机缘相感, 随人悟性, 为之指点, 未尝有说法之念头。你切勿有以为我应当说法的念头。为什么呢? 如果有人说: '如来有所说法。'他这么说即是毁谤佛, 是他拘泥于文字, 不能了解我所说的道理, 才会这么说。须菩提! 所谓说法的意思, 不是假于口说就能尽的, 佛的真空妙理, 原来无法, 只不过为众生解除外邪妄心而说的, 使之了悟真性, 自证佛理, 此乃假借一个名, 称之为说法而已, 实际上我并没有说法。"那时, 须菩提向如来佛禀白说;

"世尊! 恐怕未来世界的诸众生, 听到这个无法之法, 无说之说, 不能完全了解, 不知能否生信心。"佛回答说: "须菩提! 众生本来各具有佛性, 所以说他们非众生, 但他们尚未解脱妄心, 所以也不是非众生。为什么呢? 须菩提! 因为众生之所以为众生, 只是尚未了悟, 如果能了悟, 即可立地成佛, 而非为众生, 现在不过先假借一个众生之名称而已。"

无法可得①分第二十二

【题解】般若妙法，本是自己所有，非心外而得；本来无失，故无所谓有得。若云有所得，皆是执情未忘，能所未破之故也。此分总明无得之得，得而无得之实谛。

须菩提白佛言："世尊！佛得阿耨多罗三藐三菩提，为无所得耶？"佛言："如是！如是！须菩提！我于阿耨多罗三藐三菩提，乃至无有少法可得，是名阿耨多罗三藐三菩提。"

【注释】①无法可得：是指福德性，事实上是无相可见的。既然无相可见，即为无法可得。也就是说不见众生为其所度，也不见其自身为能度。一切俱空，佛对于正觉菩提，实无法可得。因为如果有法可得菩提心，便要受法所束缚；而无法可得，乃通万法，终得解脱。

【译文】须菩提向如来佛禀问说："世尊！您得正等正觉菩提心，真是得无所得吗？"佛回答说："正是！你所说的正合我的意思。须菩提！我于菩提正法，丝毫都无所得。因为凡是可以用得失来衡量的，都是身外之物，而不是自性的。自性菩提，人人具足，如何能得，也无法可得，只是假借一个名，称之为无上正等正觉而已。"

净心行善①分第二十三

【题解】本分说明一切法性本来平等，无有高下，故一切法皆不可分别执著。以此平等清净心，不著人、我、众生、寿者四相，而修一切善法，便契真如法性，照见本来面目，而得无上正等正觉。法平等，有二义：1.法相缘起平等：比如说，此法生起，必以彼法为助缘；此法为主，彼法为伴，所谓"此有故彼有，此生故彼生。"若彼法生起，则又有另一个法为伴，如此主伴因缘，重重无尽，互为主伴，如此看来，岂不平等？2.法性普遍平等，即指二空般若智所显出的真如实相，法尔天然，普遍平等。在佛不增，在众生不减，本来就没有高下胜劣之相，由此更显出法法平等的实义。

复次："须菩提！是法平等，无有高下，是名阿耨多罗三藐三菩提。以无我、无人、无众生、无寿者，修一切善法②，即得阿耨多罗三藐三菩提。须菩提！所言善法者，如来说即非善法，是名善法。"

【注释】①净心行善：是说忘了所行之善，而将其能行善之心也忘记。

发慈悲心行善事, 外不执着于所度之事, 内不执着于能度之心; 不着四相以修一切善法, 而臻真正的菩提心。

②善法: 举凡布施、持戒、忍辱、精进、禅定、智慧, 皆是明心见性的善法, 如此福慧双修, 为证无上菩提心的必要条件。(按: 菩提本无法, 只是不能不假法以修行。)

【译文】佛再进一步地说明: "须菩提! 我所说的无上正等正觉之法, 是人人具足, 世世相同, 故曰平等, 佛与众生所具有的菩提自性, 亦没有高下, 所以才称之为无上正等正觉。因为在真性中, 原本无我、无人、无众生、无寿者等四相, 如有此四相, 则是受浮尘妄念所蒙蔽。所以能修明心见性的一切善法, 就可以得无上菩提。须菩提! 我所谓的善法, 乃本性中自然的觉性, 原来就无善恶, 只因为要开悟众生, 假借一个名, 称之为善法而已。"

福智无比①分第二十四

【题解】所谓"福智"，即福德与智慧的并称。有相的布施纵使如山高、如海深，山崩海枯之时，福智亦是有尽。然受持经典的无相般若妙慧，所得的福智，方是无量无边，不可计数的。

"须菩提！若三千大千世界中，所有诸须弥山王，如是等七宝聚，有人持用布施。若人以此般若波罗蜜经，乃至四句偈等，受持、读诵，为他人说，于前福德，百分不及一，百千万亿分，乃至算数譬喻所不能及。"

【注释】①福智无比：福德分有为善福及无尽福两种。有为善福是从布施因缘而来，福尽还须堕落三界。无尽福则能依般若修持而解脱，其福无尽亦不堕落轮回。智亦分明理智与虚空智两种。明理智是对于世间事理一切明了，但不舍尘相，仍有事障。虚空智明了世上一切色相皆是虚妄，尽除业障。福智无比指的就是无尽福与虚空智，已不是凡夫所持的有为善福与明理智二者所可比拟的。

【译文】佛说："须菩提！如果有人以相当于三千大千世界所有的须弥山堆积起来的七宝来行布施；如果另外有人受持这个般若波

罗蜜经，甚至只是其中的四句偈、四句等来为人演说，则前者以七宝
布施所得的福德比不上后者所得福德的百千万亿分之一，甚至是不
能用算数的比喻所能算的。"

化无所化①分第二十五

【题解】"化"者,以法度生也;"无所化"者,以平等心度平等众,外不见所度的众生,内不见能度的我,能所俱忘,自然是化无所化。

第二十一分非说所说,是无法可说;第二十二分无法可得,是连法也不可得;此分化无所化,是连根本的惑根都要除去,如来是无众生可度,不曾度过一个众生。经云:"平等真法界,如来不度生。"《华严经》云:心佛及众生,是三无差别。"佛陀在在处处,总要一手提起,再用另一手放下,恐怕众生怀疑他有众生可度,所以,一再点出生佛平等的真理。

"须菩提!于意云何? 汝等勿谓如来作是念:'我当度众生。'须菩提! 莫作是念! 何以故? 实无有众生如来度者。若有众生如来度者,如来即有我、人、众生、寿者。须菩提! 如来说有我者,即非有我,而凡夫之人,以为有我。须菩提! 凡夫者,如来说即非凡夫,是名凡夫。"

【注释】①化无所化:以法度众生谓之化。化无所化,即是度化众生极其自然，心中并无度化的意念。

【译文】佛说："须菩提！你知道吗？你们不要以为，我在度化众生时，会有'我应当度化众生'的念头。须菩提！你切勿有这种想法。为什么呢？因为众生之心，本来空寂，其般若智慧，原本各自具足。如果他们闻经悟道，他们自可化度自己，实在没有众生被我度化的。若有众生说是由我所度化的，那么我即有我相、人相、众生相、寿者相，自己尚未度化，如何度化别人？须菩提！我虽口称有我，实际上却无我见，而在凡夫看来，则执着有我，以为只有我能度化他们。须菩提！事实上，迷则为凡夫，悟则成佛，佛与凡夫，本性是相同的，只要能了悟，就不是凡夫，不过在他们未悟时，称之为凡夫而已。"

法身非相①分第二十六

【题解】本分在叙述如来法身遍满法界，无一处不是如来的法身理体；既遍满法界，即不能住相观如来，所以说，如来法身非相。

"须菩提！于意云何？可以三十二相观如来不？"须菩提言："如是！如是！以三十二相观如来。"佛言："须菩提！若以三十二相观如来者，转轮圣王②即是如来。"须菩提白佛言："世尊！如我解佛所说义，不应以三十二相观如来。"尔时，世尊而说偈言③："若以色见我，以音声求我，是人行邪道④，不能见如来。"

【注释】①法身非相：是说如来法身遍满法界，而不能住相以观如来，故曰非相。简言之，即众生本性都具有清净法身，但不是普通的肉体或心思之相。

②转轮圣王：即四大天王。在印度的传说中，转轮圣王是最英明仁慈的，为一般百姓所敬仰。所以轮王出世，以十善化世间，虽不动用干戈，而自威伏四方。由于他是世间第一大福德的人，所以自然有七宝出现而随意自在。于七宝中，最主要的是轮宝，王乘此宝巡行四方，因而称之为转轮圣王。而轮

宝有金、银、铜、铁四种，一轮王各得一种，故又称为四大天王。轮王以其福德业力，具有三十二相，但都是由有为善福的福业所成，三十二相都欠清净分明。而佛身行无尽福，为无漏清净所感，相相清净分明，二者实不相同。

③偈言：发言成诗句为偈。如来所说下面四句偈言，过去曾为声闻行者说过。

④邪道：即是外道。

【译文】佛说："须菩提！你认为我如来可以用三十二相来观察吗？"须菩提回答说："是的！您是可以用三十二相来观察。"佛因为须菩提尚未明白其中的深义。于是说："须菩提！转轮圣王，因以福业厚重，亦具有三十二相色身，若我也可以用此三十二相来观察，那么转轮圣王岂不就可以成为如来了吗？"须菩提闻言立即禀白佛说："世尊！我已了解您所说的道理，您是不可以用三十二相来观察。"这个时候，如来看时机已成熟，可以告诫他们离相的偈言如下："你们如果只见我的形色外表，或者只是执着我的声教，欲以此二者求见我的真性，那么这种人，只是执着于色身四相见佛。便是舍去正途，不知即心即是佛。而向外驰求的人是行外道，决不能见如来真正的面目。"

无断无灭①分第二十七

【题解】本分在叙述般若法,非断非常,不可用断常之见思量,而且般若法本是不生不灭的,不可用生灭之法来论议,因此般若法体无断无灭。前一分云"不可以三十二相观如来"是遮众生著相而求的"常见",也就是"有见";这一分则是止众生拨无因果的"断灭空见"。这二种见都是偏执,不是佛法的大义。真正的"空"是超越有、无二边,无实无虚的中道,不是什么都没有才叫空,而是即有即空、即空即有的真空妙有。

"须菩提! 汝若作是念:'如来不以具足相故,得阿耨多罗三藐三菩提。'须菩提! 莫作是念:'如来不以具足相故,得阿耨多罗三藐三菩提。'须菩提! 汝若作是念,发阿耨多罗三藐三菩提心者,说诸法断灭。莫作是念! 何以故? 发阿耨多罗三藐三菩提心者,于法不说断灭相。"

【注释】①无断无灭:因为般若法无断无休,故谓之无断。而且般若法本来就是不生不灭,不可以生灭之法论之,谓之无灭。

【译文】佛一再地说无相，只是教人离相，不是教人灭相。所以说："须菩提！你如果是这样想：如来是因为不具圆满的三十二相的缘故，才证得无上菩提，那你就错了。须菩提！你千万不可有这种想法，以为我是因为不具圆满的三十二相才得证无上菩提。须菩提！你如果也这样想，发无上菩提心，想证得无上菩提者，却执于一切皆空，而误以为不因修福，而可直证菩提。错就错在说诸法断灭，你不可以有这种观念。为什么呢？因为发无上菩提心的人，还是要从基本的修一切善法做起。依法修行，乃在于劝勉修行的人勿执着于法，只是离法而行，不是灭法而不行的。"

不受不贪^①分第二十八

【题解】本分叙述菩萨修行阶次的深浅不同。凡夫菩萨虽知外尘之相不实，但未证得无生法忍，心中还存有微细之妄念，著相布施，未能通达无我之法。圣贤菩萨，心不住法，得成于忍，因此"得忍菩萨"的无漏功德，胜过"宝施菩萨"有漏的福德。菩萨悟得无我之后，不驰求福德，不恋著涅槃，所以说"不贪"。不受福德，并不是拨无业因功果，而是菩萨心不贪著福德，无较量福德的妄想分别。

"须菩提！若菩萨以满恒河沙等世界七宝，持用布施。若复有人，知一切法无我，得成于忍^②。此菩萨胜前菩萨所得功德。何以故？须菩提！以诸菩萨不受福德故。"须菩提白佛言："世尊！云何菩萨，不受福德？""须菩提！菩萨所作福德，不应贪著^③，是故说：不受福德。"

【注释】①不受不贪：凡夫对于外在的尘相，无论是顺境或逆境，都不免存有爱憎之心，皆谓之受，而推寻"受"的根本，就是凡夫未能忘我的缘故。今既已修持通达"无我"法，无我则无受，能受之我已空，故曰不受。凡夫永远不能满足，称为贪；贪求欲乐虽谓之贪，然贪求福德甚至是贪求涅槃亦谓之贪。菩萨在了悟无我之后，不贪念欲乐、不驰求福德、不趋向涅槃，故谓之不贪。

②忍：经论云："发心信解名信忍；随顺法空性而修行名顺忍；通达诸法无生灭性名无生忍。"忍亦即智慧的认透确定。

③贪著：依恋的意思。

【译文】佛说："须菩提！若有菩萨虽以无量世界所有七宝行布施，因其心着于相，所以所得的福德虽多却有限。如果另有菩萨，心不着于相，知一切法无我，得成无我之忍，以至忍而忘忍，无我始得以完成。如此则后面所说的菩萨，所得的福德要胜过前面的菩萨多得多了。为什么呢？须菩提！因为这些菩萨有离相之因，在布施时，就有不受福德的果，因其不受福德的缘故，则所得的福德就无限量了。"须菩提于是问说："世尊！因果受施是理所当然，为何要说菩萨不受福德呢？"佛告诉他说："须菩提！菩萨度生布施，本来是行所当行，不应贪求福德才行布施，福德之有或没有，悉听自然，所以才说菩萨不受福德。"

威仪寂静①分第二十九

【题解】本分乃叙述如来即威仪即寂静，即体即用，随缘不变，不变随缘，故无往而不在。所谓威仪者，即三十二相、八十种好，万德具足、庄严圆满之相也；而所言寂静，即无去无来，非动非静，寂然之体也。所以，不可以行、住、坐、卧处见如来，因为如来虽现威仪之相，而实是寂静之体；虽是寂静之体，而随现威仪之相的。

"须菩提！若有人言：'如来若来若去，若坐若卧。'是人不解我所说义。何以故？如来者，无所从来，亦无所去，故名如来。"

【注释】①威仪寂静：威仪是万德庄严之相。寂静意即无去无来，非动非静，寂然的本体。威仪寂静是说如来虽显现威仪之相，也是寂静之体，虽是寂静之体，而随现威仪之相。

【译文】佛说："须菩提！如果有人说我如来有往、来、坐、卧四种威仪，也就以为我也着于相，是不了解我所说的道理。为什么呢？因为如来的本性，是真性自如，充满法界，随感而发，来固非来，去亦非去。就因为无去无来，所以称之为如来。"

一合理相^①分第三十

【题解】此分说明一合相之理。如来为恐须菩提尚有执见未泯，不了解般若真谛，未明法身、应身之理，所以用三千大千世界碎为微尘，比喻应身不离法身，犹如世界是假的，就连微尘亦是虚而不实的。三千大千世界与微尘，虽异而不异、合而不离之相，但毕竟也是因缘假合而已，终有因缘离散，坏空无实的一天。

　　"须菩提！若善男子、善女人，以三千大千世界碎为微尘，于意云何？是微尘众，宁为多不？"须菩提言："甚多，世尊！何以故？若是微尘众实有者，佛即不说是微尘众。所以者何？佛说微尘众，即非微尘众，是名微尘众。世尊！如来所说三千大千世界，即非世界，是名世界。何以故？若世界实有者，即是一合相^②。如来说一合相，即非一合相，是名一合相。""须菩提！一合相者，即是不可说，但凡夫之人，贪着其事^③。"

　　【注释】①一合理相：一微尘与全世界都是一样的虚幻，不是实有的，求一异之相不可得，求其合相亦不可得。毕竟法身真际，三身即是一体，一体即是三身，不但一合相不可见，即是一合理亦不可说。

②一合相：真性融成，浑然一体，无二无杂，是为一合相。

③事：此指六根。

【译文】佛说："须菩提！若有善男子或善女人，将三千大千世界，捣碎成为微尘，你认为这些微尘难道不多吗？"须菩提回答说："非常多，世尊！为什么呢？因为微尘虽多，但它的缘起是无性，绝不会执着它实有的自体。如果这些微尘是有实体的，那您就不会称它们为微尘众了。这是什么缘故呢？因为您所说的微尘众，也是缘起非真实的，只是假借一个名，称之为微尘众而已。世尊！您所称的三千大千世界，同样也是缘起的假象，也是非真实性，也只是假借一个名，称之为世界而已。为什么呢？如果有一真实性的世界，即是一合相。所以您说一合相亦非实有，只是假借一个名，称之为一合相而已。"佛说："须菩提！一合相之理，空而不空，妙不可言喻。但凡夫蔽塞不明本性，依恋眼前幻境，六根执着各相而不能了悟。"

知见不生^①分第三十一

【题解】真知者，无所知而又无所不知；真见者，无所见却又无所不见。凡夫不悟般若妙理，不能降伏妄念之心，所得知见，外不能离六尘、内不能断缘影，纷纷堕于能知、所知之障中。本分旨意，即是要我们断除心外取法的毛病，务使知见不生才是。

"须菩提！若人言：'佛说我见、人见、众生见、寿者见。'须菩提！于意云何？是人解我所说义不？""不也，世尊！是人不解如来所说义。何以故？世尊说我见、人见、众生见、寿者见，即非我见、人见、众生见、寿者见，是名我见、人见、众生见、寿者见。""须菩提！发阿耨多罗三藐三菩提心者，于一切法，应如是知、如是见、如是信解，不生^②法相^③。须菩提！所言法相者，如来说即非法相，是名法相。"

【注释】①知见不生：真知无知，无所不知；真见无见，无所不见。希望凡夫能真悟不生不死的知见，明了本源的心体是清净的，使之深明般若之用，善能分别诸法相，见相而不为所动，即了悟本心。有这样的知、见，就不生法相了。

②不生：不萌于心。

③法相：法是事理，相是形迹的意思。

【译文】佛说："须菩提！若有人说：'佛说过我见、人见、众生见、寿者见，这种话。须菩提！你认为这个人是否了解我所说的意思？"须菩提回答说："没有，世尊！这个人并不了解您所说的意思。为什么呢？因为您所说的这四见，只是为了凡夫便于了解佛的深意而说，事实上应该要超乎此四见之外，并非要拘泥于其中而存此四见，所以只是为了便于说明，而假借一个名，称之为我见、人见、众生见、寿者见而已。"佛又说："须菩提！凡是发无上正等正觉菩提心的，应如此认知，应如此为见，了悟无相妙理，自然行无相妙行，则知无所蔽，见无所障。如此信解，即为妙悟。而不生法相，至此才得真空无相之妙。须菩提！法相本是虚空的，即非法相；虚空中有幻相，所以才假名称之为法相。"

应化非真①分第三十二

【题解】应化者，应机度化之意也。举凡一切佛陀所言所说，一文一字、一形一相，无非是为了度化众生而设，并非真实，故佛陀至此，不忘随说随泯，破众生之执，以显般若之理也。

"须菩提！若有人以满无量阿僧祇世界七宝，持用布施。若有善男子、善女人，发菩提心者，持于此经，乃至四句偈等，受持、读诵，为人演说，其福胜彼。云何为人演说？不取于相，如如不动②。何以故？一切有为法，如梦幻泡影，如露亦如电，应作如是观。"

【注释】①应化非真：是说无论是应是化，非应非化，全是法身之大用。而法身本无言可说相，乃假化身而说的；以如如身，说如如法，不取于相。而无相无不相，至此方是真正般若无上之法。（按：如如，是真如、圆成实性的意思。诸法之体性离虚妄而真实，常住而不变的意思。）

②如如不动：即是圆融自在的意思。

【译文】佛说："须菩提！若有人以充满了无穷世界的七宝来行布施。此外，如果另有善男子或善女人，发了无上菩提心，受持读诵此经，甚至以其中的四句偈、四句等，为人演说，使人悟性，那么此人因此所得的福德胜过前面以七宝布施的人甚多。而受持此经要如何为人演说呢？要不着相，不动心。为什么呢？因为世间凡是有所为而成的法，都是生灭无常，如梦、如幻、如泡、如影、如露亦如电，凡属有所为，终是虚幻的，应该都视为有如此六种一般。"

佛说是经已，长老须菩提，及诸比丘、比丘尼①、优婆塞②、优婆夷③，一切世间天、人、阿修罗，闻佛所说，皆大欢喜，信受奉行。

【注释】①比丘尼：亦即女尼的意思。
②优婆塞：在家修行的男居士。
③优婆夷：在家修行的女居士。
【译文】佛反复阐明般若之法，至此已说解完毕。长老须菩提，与同时在法会听经的诸僧人、女尼、善男、信女，及一切世间的天人鬼神等，听完佛所说的般若大法，无不欢喜感化，信受其言，奉行其教。

谦德国学文库丛书

（已出书目）

茶经·续茶经

唐诗三百首

宋词三百首

元曲三百首

小窗幽记

菜根谭

围炉夜话

呻吟语

人间词话

古文观止

黄帝内经

五种遗规

一梦漫言

楚辞

说文解字

资治通鉴

智囊全集

酉阳杂俎

商君书

读书录

战国策

吕氏春秋

淮南子

营造法式

韩诗外传

长短经

虞初新志

迪吉录

浮生六记

文心雕龙

幽梦影

东京梦华录

阅微草堂笔记

说苑

竹窗随笔

国语

日知录

帝京景物略

子不语

水经注

徐霞客游记

聊斋志异

清代三大尺牍:小仓山房尺牍

清代三大尺牍:秋水轩尺牍

清代三大尺牍:雪鸿轩尺牍

孔子家语

贤母录

张岱文集:陶庵梦忆

张岱文集:西湖梦寻

张岱文集:快园道古

群书类编故事

管子

图书在版编目（CIP）数据

心经、金刚经 / 中华文化讲堂注译.

— 北京：团结出版社，2016.11

（谦德国学文库）

ISBN 978-7-5126-4602-5

Ⅰ.①心… Ⅱ.①中… Ⅲ.①佛经②《心经》—注释③《心经》—译文④《金刚经》—注释⑤《金刚经》—译文 Ⅳ.①B942.1

中国版本图书馆CIP数据核字(2016)第266657号

出版： 团结出版社

（北京市东城区东皇城根南街84号 邮编：100006）

电话：（010）65228880　65244790（传真）

网址： www.tjpress.com

Email： zb65244790@vip.163.com

经销： 全国新华书店

印刷： 天宇万达印刷有限公司

开本： 148×210　1/32

印张： 5.75

字数： 180千字

版次： 2017年3月　第1版

印次： 2024年4月　第6次印刷

书号： 978-7-5126-4602-5

定价： 30.00元